Герой нашего времени

Михаил Лермонтов

Герой нашего времени

ISBN: 978-1-64439-839-5

СОДЕРЖАНИЕ

Герой нашего времени

ПРЕДИСЛОВИЕ

Во всякой книге предисловие есть первая и вместе с тем последняя вещь; оно или служит объяснением цели сочинения, или оправданием и ответом на критики. Но обыкновенно читателям дела нет до нравственной цели и до журнальных нападок, и потому они не читают предисловий. А жаль, что это так, особенно у нас. Наша публика так еще молода и простодушна, что не понимает басни, если в конце ее не находит нравоучения. Она не угадывает шутки, не чувствует иронии; она просто дурно воспитана. Она еще не знает, что в порядочном обществе и в порядочной книге явная брань не может иметь места; что современная образованность изобрела орудие более острое, почти невидимое и тем не менее смертельное, которое, под одеждою лести, наносит неотразимый и верный удар. Наша публика похожа на провинциала, который, подслушав разговор двух дипломатов, принадлежащих к враждебным дворам, остался бы уверен, что каждый из них обманывает свое правительство в пользу взаимной нежнейшей дружбы.

Эта книга испытала на себе еще недавно несчастную доверчивость некоторых читателей и даже журналов к буквальному значению слов. Иные ужасно обиделись, и не шутя, что им ставят в пример такого безнравственного человека, как Герой Нашего Времени; другие же очень тонко замечали, что сочинитель нарисовал свой портрет и портреты своих знакомых… Старая и жалкая шутка! Но, видно, Русь так уж сотворена, что все в ней обновляется, кроме подобных нелепостей. Самая волшебная из волшебных сказок у нас едва ли избегнет упрека в покушении на оскорбление личности!

Герой Нашего Времени, милостивые государи мои, точно, портрет, но не одного человека; это портрет, составленный из пороков всего нашего поколения, в полном их развитии. Вы мне опять скажете, что человек не может быть так дурен, а я вам скажу, что ежели вы верили возможности существования всех трагических и романтических злодеев, отчего же вы не веруете в действительность Печорина? Если вы любовались вымыслами гораздо более ужасными и уродливыми, отчего же этот характер, даже как вымысел, не находит у вас пощады? Уж не оттого ли, что в нем больше правды, нежели бы вы того желали?..

Вы скажете, что нравственность от этого не выигрывает? Извините. Довольно людей кормили сластями; у них от этого испортился желудок: нужны горькие лекарства, едкие истины. Но не думайте, однако, после этого, чтоб автор этой книги имел когда-нибудь гордую мечту сделаться исправителем людских пороков. Боже его избави от такого невежества! Ему просто было весело рисовать современного человека, каким он его понимает и, к его и вашему несчастью, слишком часто встречал. Будет и того, что болезнь указана, а как ее излечить – это уж бог знает!

ГЕРОЙ НАШЕГО ВРЕМЕНИ

ЧАСТЬ ПЕРВАЯ

I

БЭЛА

Я ехал на перекладных из Тифлиса. Вся поклажа моей тележки состояла из одного небольшого чемодана, который до половины был набит путевыми записками о Грузии. Большая часть из них, к счастию для вас, потеряна, а чемодан с остальными вещами, к счастью для меня, остался цел.

Уж солнце начинало прятаться за снеговой хребет, когда я въехал в Койшаурскую долину. Осетин-извозчик неутомимо погонял лошадей, чтоб успеть до ночи взобраться на Койшаурскую гору, и во все горло распевал песни. Славное место эта долина! Со всех сторон горы неприступные, красноватые скалы, обвешанные зеленым плющом и увенчанные купами чинар, желтые обрывы, исчерченные промоинами, а там высоко-высоко золотая бахрома снегов, а внизу Арагва, обнявшись с другой безыменной речкой, шумно вырывающейся из черного, полного мглою ущелья, тянется серебряною нитью и сверкает, как змея своею чешуею.

Подъехав к подошве Койшаурской горы, мы остановились возле духана. Тут толпилось шумно десятка два грузин и горцев; поблизости караван верблюдов остановился для ночлега. Я должен был нанять быков, чтоб втащить мою тележку на эту проклятую гору, потому что была уже осень и гололедица, – а эта гора имеет около двух верст длины.

1

Нечего делать, я нанял шесть быков и нескольких осетин. Один из них взвалил себе на плечи мой чемодан, другие стали помогать быкам почти одним криком.

За моею тележкою четверка быков тащила другую как ни в чем не бывало, несмотря на то, что она была доверху накладена. Это обстоятельство меня удивило. За нею шел ее хозяин, покуривая из маленькой кабардинской трубочки, обделанной в серебро. На нем был офицерский сюртук без эполет и черкесская мохнатая шапка. Он казался лет пятидесяти; смуглый цвет лица его показывал, что оно давно знакомо с закавказским солнцем, и преждевременно поседевшие усы не соответствовали его твердой походке и бодрому виду. Я подошел к нему и поклонился; он молча отвечал мне на поклон и пустил огромный клуб дыма.

– Мы с вами попутчики, кажется?

Он молча опять поклонился.

– Вы, верно, едете в Ставрополь?

– Так-с точно… с казенными вещами.

– Скажите, пожалуйста, отчего это вашу тяжелую тележку четыре быка тащат шутя, а мою, пустую, шесть скотов едва подвигают с помощью этих осетин?

Он лукаво улыбнулся и значительно взглянул на меня:

– Вы, верно, недавно на Кавказе?

– С год, – отвечал я.

Он улыбнулся вторично.

– А что ж?

– Да так-с! Ужасные бестии эти азиаты! Вы думаете, они помогают, что кричат? А черт их разберет, что они кричат? Быки-то их понимают; запрягите хоть двадцать, так коли они крикнут по-своему, быки все ни с места… Ужасные плуты! А что с них возьмешь?.. Любят деньги драть с проезжающих… Избаловали мошенников! Увидите, они еще с вас возьмут на водку. Уж я их знаю, меня не проведут!

– А вы давно здесь служите?

– Да, я уж здесь служил при Алексее Петровиче,[1] – отвечал

_____

[1] Ермолове. (Прим. Лермонтова.)

он, приосанившись. – Когда он приехал на Линию, я был подпоручиком, – прибавил он, – и при нем получил два чина за дела против горцев.

– А теперь вы?..

– Теперь считаюсь в третьем линейном батальоне. А вы, смею спросить?..

Я сказал ему.

Разговор этим кончился, и мы продолжали молча идти друг подле друга. На вершине горы нашли мы снег. Солнце закатилось, и ночь последовала за днем без промежутка, как это обыкновенно бывает на юге; но благодаря отливу снегов мы легко могли различать дорогу, которая все еще шла в гору, хотя уже не так круто. Я велел положить чемодан свой в тележку, заменить быков лошадьми и в последний раз оглянулся на долину; но густой туман, нахлынувший волнами из ущелий, покрывал ее совершенно, ни единый звук не долетал уже оттуда до нашего слуха. Осетины шумно обступили меня и требовали на водку; но штабс-капитан так грозно на них прикрикнул, что они вмиг разбежались.

– Ведь этакий народ! – сказал он, – и хлеба по-русски назвать не умеет, а выучил: «Офицер, дай на водку!» Уж татары по мне лучше: те хоть непьющие…

До станции оставалось еще с версту. Кругом было тихо, так тихо, что по жужжанию комара можно было следить за его полетом. Налево чернело глубокое ущелье; за ним и впереди нас темно-синие вершины гор, изрытые морщинами, покрытые слоями снега, рисовались на бледном небосклоне, еще сохранявшем последний отблеск зари. На темном небе начинали мелькать звезды, и странно, мне показалось, что оно гораздо выше, чем у нас на севере. По обеим сторонам дороги торчали голые, черные камни; кой-где из-под снега выглядывали кустарники, но ни один сухой листок не шевелился, и весело было слышать среди этого мертвого сна природы фырканье усталой почтовой тройки и неровное побрякиванье русского колокольчика.

– Завтра будет славная погода! – сказал я.

Штабс-капитан не отвечал ни слова и указал мне пальцем на высокую гору, поднимавшуюся прямо против нас.

– Что ж это? – спросил я.

– Гуд-гора.

– Ну так что ж?

– Посмотрите, как курится.

И в самом деле, Гуд-гора курилась; по бокам ее ползали легкие струйки облаков, а на вершине лежала черная туча, такая черная, что на темном небе она казалась пятном.

Уж мы различали почтовую станцию, кровли окружающих ее саклей, и перед нами мелькали приветные огоньки, когда пахнул сырой, холодный ветер, ущелье загудело и пошел мелкий дождь. Едва успел я накинуть бурку, как повалил снег. Я с благоговением посмотрел на штабс-капитана.

– Нам придется здесь ночевать, – сказал он с досадою, – в такую метель через горы не переедешь. Что? были ль обвалы на Крестовой? – спросил он извозчика.

– Не было, господин, – отвечал осетин-извозчик, – а висит много, много.

За неимением комнаты для проезжающих на станции нам отвели ночлег в дымной сакле. Я пригласил своего спутника выпить вместе стакан чая, ибо со мной был чугунный чайник – единственная отрада моя в путешествиях по Кавказу.

Сакля была прилеплена одним боком к скале; три скользкие, мокрые ступени вели к ее двери. Ощупью вошел я и наткнулся на корову (хлев у этих людей заменяет лакейскую). Я не знал, куда деваться: тут блеют овцы, там ворчит собака. К счастью, в стороне блеснул тусклый свет и помог мне найти другое отверстие наподобие двери. Тут открылась картина довольно занимательная: широкая сакля, крыша которой опиралась на два закопченных столба, была полна народа. Посередине трещал огонек, разложенный на земле, и дым, выталкиваемый обратно ветром из отверстия в крыше, расстилался вокруг такой густой пеленою, что я долго не мог осмотреться; у огня сидели две старухи, множество детей и один худощавый грузин, все в лохмотьях. Нечего было делать, мы приютились у огня, закурили трубки, и скоро чайник зашипел приветливо.

– Жалкие люди! – сказал я штабс-капитану, указывая на наших грязных хозяев, которые молча на нас смотрели в каком-то остолбенении.

– Преглупый народ! – отвечал он. – Поверите ли? ничего не умеют, не способны ни к какому образованию! Уж по крайней мере наши кабардинцы или чеченцы хотя разбойники, голыши, зато отчаянные башки, а у этих и к оружию никакой охоты нет: порядоч ного кинжала ни на одном не увидишь. Уж подлинно осетины!

– А вы долго были в Чечне?

– Да, я лет десять стоял там в крепости с ротою у Каменного Брода, – знаете?

– Слыхал.

– Вот, батюшка, надоели нам эти головорезы; нынче, слава богу, смирнее, а бывало, на сто шагов отойдешь за вал, уже где-нибудь космытый дьявол сидит и караулит: чуть зазевался, того и гляди, либо аркан на шее, либо пуля в затылке. А молодцы!..

– А, чай, много с вами бывало приключений? – сказал я, подстрекаемый любопытством.

– Как не бывать! Бывало…

Тут он начал щипать левый ус, повесил голову и призадумался. Мне страх хотелось вытянуть из него какую-нибудь историйку – желание, свойственное всем путешествующим и записывающим людям. Между тем чай поспел; я вытащил из чемодана два походных стаканчика, налил и поставил один перед ним. Он отхлебнул и сказал как будто про себя: «Да, бывало!» Это восклицание подало мне большие надежды. Я знаю, старые кавказцы любят поговорить, порассказать; им так редко это удается: другой лет пять стоит где-нибудь в захолустье с ротой, и целые пять лет ему никто не скажет «здравствуйте» (потому что фельдфебель говорит «здравия желаю»). А поболтать было бы о чем: кругом народ дикий, любопытный; каждый день опасность, случаи бывают чудные, и тут поневоле пожалеешь о том, что у нас так мало записывают.

– Не хотите ли подбавить рому? – сказал я своему собеседнику, – у меня есть белый из Тифлиса; теперь холодно.

– Нет-с, благодарствуйте, не пью.

– Что так?

– Да так. Я дал себе заклятье. Когда я был еще подпоручиком, раз, знаете, мы подгуляли между собой, а ночью сделалась тревога; вот мы и вышли перед фрунт навеселе, да уж и досталось нам, как Алексей Петрович узнал; не дай господи, как он рассердился! чуть-чуть не отдал под суд. Оно и точно: другой раз целый год живешь, никого не видишь, да как тут еще водка – пропадший человек!

Услышав это, я почти потерял надежду.

– Да вот хоть черкесы, – продолжал он, – как напьются бузы на свадьбе или на похоронах, так и пошла рубка. Я раз насилу ноги унес, а еще у мирнова князя был в гостях.

– Как же это случилось?

– Вот (он набил трубку, затянулся и начал рассказывать), вот изволите видеть, я тогда стоял в крепости за Тереком с ротой – этому скоро пять лет. Раз, осенью, пришел транспорт с провиантом; в транспорте был офицер, молодой человек лет двадцати пяти. Он явился ко мне в полной форме и объявил, что ему велено остаться у меня в крепости. Он был такой тоненький, беленький, на нем мундир был такой новенький, что я тотчас догадался, что он на Кавказе у нас недавно. «Вы, верно, – спросил я его, – переведены сюда из России?» – «Точно так, господин штабс-капитан», – отвечал он. Я взял его за руку и сказал: «Очень рад, очень рад. Вам будет немножко скучно… ну да мы с вами будем жить по-приятельски… Да, пожалуйста, зовите меня просто Максим Максимыч, и, пожалуйста, к чему эта полная форма? приходите ко мне всегда в фуражке». Ему отвели квартиру, и он поселился в крепости.

– А как его звали? – спросил я Максима Максимыча.

– Его звали… Григорием Александровичем Печориным. Славный был малый, смею вас уверить, только немножко странен. Ведь, например, в дождик, в холод целый день на охоте; все иззябнут, устанут – а ему ничего. А другой раз сидит у себя в комнате, ветер пахнет, уверяет, что простудился;

ставнем стукнет, он вздрогнет и побледнеет; а при мне ходил на кабана один на один; бывало, по целым часам слова не добьешься, зато уж иногда как начнет рассказывать, так животики надорвешь со смеха… Да-с, с большими был странностями и, должно быть, богатый человек: сколько у него было разных дорогих вещиц!..

– А долго он с вами жил? – спросил я опять.

– Да с год. Ну да уж зато памятен мне этот год: наделал он мне хлопот, не тем будь помянут! Ведь есть, право, этакие люди, у которых на роду написано, что с ними должны случаться разные необыкновенные вещи!

– Необыкновенные? – воскликнул я с видом любопытства, подливая ему чая.

– А вот я вам расскажу. Верст шесть от крепости жил один мирной князь. Сынишка его, мальчик лет пятнадцати, повадился к нам ездить: всякий день, бывало, то за тем, то за другим; и уж точно, избаловали мы его с Григорием Александровичем. А уж какой был головорез, проворный на что хочешь: шапку ли поднять на всем скаку, из ружья ли стрелять. Одно было в нем нехорошо: ужасно падок был на деньги. Раз, для смеха, Григорий Александрович обещался ему дать червонец, коли он ему украдет лучшего козла из отцовского стада; и что ж вы думаете? на другую же ночь притащил его за рога. А бывало, мы его вздумаем дразнить, так глаза кровью и нальются, и сейчас за кинжал. «Эй, Азамат, не сносить тебе головы, – говорил я ему, – яман² будет твоя башка!»

Раз приезжает сам старый князь звать нас на свадьбу: он отдавал старшую дочь замуж, а мы были с ним кунаки, так нельзя же, знаете, отказаться, хоть он и татарин. Отправились. В ауле множество собак встретило нас громким лаем. Женщины, увидя нас, прятались; те, которых мы могли рассмотреть в лицо, были далеко не красавицы. «Я имел гораздо лучшее мнение о черкешенках», – сказал мне Григорий

---

² плохо (тюрк.)

Александрович. «Погодите!» – отвечал я, усмехаясь. У меня было свое на уме.

У князя в сакле собралось уже множество народа. У азиатов, знаете, обычай всех встречных и поперечных приглашать на свадьбу. Нас приняли со всеми почестями и повели в кунацкую. Я, однако ж, не позабыл подметить, где поставили наших лошадей, знаете, для непредвидимого случая.

– Как же у них празднуют свадьбу? – спросил я штабс-капитана.

– Да обыкновенно. Сначала мулла прочитает им что-то из Корана; потом дарят молодых и всех их родственников, едят, пьют бузу; потом начинается джигитовка, и всегда один какой-нибудь оборвыш, засаленный, на скверной хромой лошаденке, ломается, паясничает, смешит честную компанию; потом, когда смеркнется, в кунацкой начинается, по-нашему сказать, бал. Бедный старичишка бренчит на трехструнной… забыл, как по-ихнему, ну, да вроде нашей балалайки. Девки и молодые ребята становятся в две шеренги одна против другой, хлопают в ладоши и поют. Вот выходит одна девка и один мужчина на середину и начинают говорить друг другу стихи нараспев, что попало, а остальные подхватывают хором. Мы с Печориным сидели на почетном месте, и вот к нему подошла меньшая дочь хозяина, девушка лет шестнадцати, и пропела ему… как бы сказать?.. вроде комплимента.

– А что ж такое она пропела, не помните ли?

– Да, кажется, вот так: «Стройны, дескать, наши молодые джигиты, и кафтаны на них серебром выложены, а молодой русский офицер стройнее их, и галуны на нем золотые. Он как тополь между ними, только не расти, не цвести ему в нашем саду». Печорин встал, поклонился ей, приложив руку ко лбу и сердцу, и просил меня отвечать ей, я хорошо знаю по-ихнему и перевел его ответ.

Когда она от нас отошла, тогда я шепнул Григорью Александровичу: «Ну что, какова?» – «Прелесть! – отвечал он. – А как ее зовут?» – «Ее зовут Бэлою», – отвечал я.

И точно, она была хороша: высокая, тоненькая, глаза черные, как у горной серны, так и заглядывали к вам в душу.

Печорин в задумчивости не сводил с нее глаз, и она частенько исподлобья на него посматривала. Только не один Печорин любовался хорошенькой княжной: из угла комнаты на нее смотрели другие два глаза, неподвижные, огненные. Я стал вглядываться и узнал моего старого знакомца Казбича. Он, знаете, был не то чтоб мирно́й, не то чтоб немирно́й. Подозрений на него было много, хоть он ни в какой шалости не был замечен. Бывало, он приводил к нам в крепость баранов и продавал дешево, только никогда не торговался: что запросит, давай, хоть зарежь, не уступит. Говорили про него, что он любит таскаться на Кубань с абреками, и, правду сказать, рожа у него была самая разбойничья: маленький, сухой, широкоплечий… А уж ловок-то, ловок-то был, как бес! Бешмет всегда изорванный, в заплатках, а оружие в серебре. А лошадь его славилась в целой Кабарде, – и точно, лучше этой лошади ничего выдумать невозможно. Недаром ему завидовали все наездники и не раз пытались ее украсть, только не удавалось. Как теперь гляжу на эту лошадь: вороная, как смоль, ноги – струнки, и глаза не хуже, чем у Бэлы; а какая сила! скачи хоть на пятьдесят верст; а уж выезжена – как собака бегает за хозяином, голос даже его знала! Бывало, он ее никогда и не привязывает. Уж такая разбойничья лошадь!..

В этот вечер Казбич был угрюмее, чем когда-нибудь, и я заметил, что у него под бешметом надета кольчуга. «Недаром на нем эта кольчуга, – подумал я, – уж он, верно, что-нибудь замышляет».

Душно стало в сакле, и я вышел на воздух освежиться. Ночь уж ложилась на горы, и туман начинал бродить по ущельям.

Мне вздумалось завернуть под навес, где стояли наши лошади, посмотреть, есть ли у них корм, и притом осторожность никогда не мешает: у меня же была лошадь славная, и уж не один кабардинец на нее умильно поглядывал, приговаривая: «Якши тхе, чек якши!»[3]

Пробираюсь вдоль забора и вдруг слышу голоса; один голос я тотчас узнал: это был повеса Азамат, сын нашего

---

[3] Хороша, очень хороша! (тюрк.)

хозяина; другой говорил реже и тише. «О чем они тут толкуют? – подумал я, – уж не о моей ли лошадке?» Вот присел я у забора и стал прислушиваться, стараясь не пропустить ни одного слова. Иногда шум песен и говор голосов, вылетая из сакли, заглушали любопытный для меня разговор.

«Славная у тебя лошадь! – говорил Азамат, – если бы я был хозяин в доме и имел табун в триста кобыл, то отдал бы половину за твоего скакуна, Казбич!»

«А! Казбич!» – подумал я и вспомнил кольчугу.

«Да, – отвечал Казбич после некоторого молчания, – в целой Кабарде не найдешь такой. Раз, – это было за Тереком, – я ездил с абреками отбивать русские табуны; нам не посчастливилось, и мы рассыпались кто куда. За мной неслись четыре казака; уж я слышал за собою крики гяуров, и передо мною был густой лес. Прилег я на седло, поручил себя Аллаху и в первый раз в жизни оскорбил коня ударом плети. Как птица нырнул он между ветвями; острые колючки рвали мою одежду, сухие сучья карагача били меня по лицу. Конь мой прыгал через пни, разрывал кусты грудью. Лучше было бы мне его бросить у опушки и скрыться в лесу пешком, да жаль было с ним расстаться, – и пророк вознаградил меня. Несколько пуль провизжало над моей головою; я уж слышал, как спешившиеся казаки бежали по следам... Вдруг передо мною рытвина глубокая; скакун мой призадумался – и прыгнул. Задние его копыта оборвались с противного берега, и он повис на передних ногах; я бросил поводья и полетел в овраг; это спасло моего коня: он выскочил. Казаки все это видели, только ни один не спустился меня искать: они, верно, думали, что я убился до смерти, и я слышал, как они бросились ловить моего коня. Сердце мое облилось кровью; пополз я по густой траве вдоль по оврагу – смотрю: лес кончился, несколько казаков выезжают из него на поляну, и вот выскакивает прямо к ним мой Карагез; все кинулись за ним с криком; долго, долго они за ним гонялись, особенно один раза два чуть-чуть не накинул ему на шею аркана; я задрожал, опустил глаза и начал молиться. Через несколько мгновений поднимаю их – и вижу: мой Карагез летит, развевая хвост, вольный как ветер, а гяуры далеко один за другим тянутся по степи на измученных конях. Валлах! это правда, истинная правда! До поздней ночи я сидел в своем овраге. Вдруг, что ж ты думаешь, Азамат? во мраке слышу, бегает по берегу оврага конь, фыркает, ржет и бьет копытами о землю; я узнал голос моего Карагеза; это был он, мой товарищ!.. С тех пор мы не разлучались».

И слышно было, как он трепал рукою по гладкой шее своего скакуна, давая ему разные нежные названия.

«Если б у меня был табун в тысячу кобыл, – сказал Азамат, – то отдал бы тебе весь за твоего Карагеза».

«Йок,[4] не хочу», – отвечал равнодушно Казбич.

«Послушай, Казбич, – говорил, ласкаясь к нему, Азамат, – ты добрый человек, ты храбрый джигит, а мой отец боится русских и не пускает меня в горы; отдай мне свою лошадь, и я сделаю все, что ты хочешь, украду для тебя у отца лучшую его винтовку или шашку, что только пожелаешь, – а шашка его настоящая гурда:[5] приложи лезвием к руке, сама в тело вопьется; а кольчуга – такая, как твоя, нипочем».

Казбич молчал.

«В первый раз, как я увидел твоего коня, – продолжал Азамат, – когда он под тобой крутился и прыгал, раздувая ноздри, и кремни брызгами летели из-под копыт его, в моей душе сделалось что-то непонятное, и с тех пор все мне опостылело: на лучших скакунов моего отца смотрел я с презрением, стыдно было мне на них показаться, и тоска овладела мной; и, тоскуя, просиживал я на утесе целые дни, и ежеминутно мыслям моим являлся вороной скакун твой с своей стройной поступью, с своим гладким, прямым, как стрела, хребтом; он смотрел мне в глаза своими бойкими глазами, как будто хотел слово вымолвить. Я умру, Казбич, если ты мне не продашь его!» – сказал Азамат дрожащим голосом.

---

[4] Нет (тюрк.)

[5] Я прошу прощения у читателей в том, что переложил в стихи песню Казбича, переданную мне, разумеется, прозой; но привычка - вторая натура. (Прим. Лермонтова.)

Мне послышалось, что он заплакал: а надо вам сказать, что Азамат был преупрямый мальчишка, и ничем, бывало, у него слез не выбьешь, даже когда он был помоложе.

В ответ на его слезы послышалось что-то вроде смеха.

«Послушай! – сказал твердым голосом Азамат, – видишь, я на все решаюсь. Хочешь, я украду для тебя мою сестру? Как она пляшет! как поет! а вышивает золотом – чудо! Не бывало такой жены и у турецкого падишаха… Хочешь, дождись меня завтра ночью там в ущелье, где бежит поток; я пойду с нею мимо в соседний аул, – и она твоя. Неужели не стоит Бэла твоего скакуна?»

Долго, долго молчал Казбич; наконец вместо ответа он затянул старинную песню вполголоса:[6]

> Много красавиц в аулах у нас,
> Звезды сияют во мраке их глаз.
> Сладко любить их, завидная доля;
> Но веселей молодецкая воля.
> Золото купит четыре жены,
> Конь же лихой не имеет цены:
> Он и от вихря в степи не отстанет,
> Он не изменит, он не обманет.

Напрасно упрашивал его Азамат согласиться, и плакал, и льстил ему, и клялся; наконец Казбич нетерпеливо прервал его:

«Поди прочь, безумный мальчишка! Где тебе ездить на моем коне? На первых трех шагах он тебя сбросит, и ты разобьешь себе затылок об камни».

«Меня?» – крикнул Азамат в бешенстве, и железо детского кинжала зазвенело об кольчугу.

Сильная рука оттолкнула его прочь, и он ударился об плетень так, что плетень зашатался. «Будет потеха!» – подумал я, кинулся в конюшню, взнуздал лошадей наших и вывел их на задний двор. Через две минуты уж в сакле был ужасный гвалт. Вот что случилось: Азамат вбежал туда в разорванном бешмете,

---

[6] Кунак значит - приятель. (Прим. Лермонтова.)

12

говоря, что Казбич хотел его зарезать. Все выскочили, схватились за ружья – и пошла потеха! Крик, шум, выстрелы; только Казбич уж был верхом и вертелся среди толпы по улице, как бес, отмахиваясь шашкой.

«Плохое дело в чужом пиру похмелье, – сказал я Григорью Александровичу, поймав его за руку, – не лучше ли нам поскорей убраться?»

«Да погодите, чем кончится».

«Да уж, верно, кончится худо; у этих азиатов все так: натянулись бузы, и пошла резня!»

Мы сели верхом и ускакали домой.

– А что Казбич? – спросил я нетерпеливо у штабс-капитана.

– Да что этому народу делается! – отвечал он, допивая стакан чая, – ведь ускользнул!

– И не ранен? – спросил я.

– А бог его знает! Живущи, разбойники! Видал я-с иных в деле, например: ведь весь исколот, как решето, штыками, а все махает шашкой. – Штабс-капитан после некоторого молчания продолжал, топнув ногою о землю: – Никогда себе не прощу одного: черт меня дернул, приехав в крепость, пересказать Григорью Александровичу все, что я слышал, сидя за забором; он посмеялся – такой хитрый! – а сам задумал кое-что.

– А что такое? Расскажите, пожалуйста.

– Ну уж нечего делать! начал рассказывать, так надо продолжать.

Дня через четыре приезжает Азамат в крепость. По обыкновению, он зашел к Григорью Александровичу, который его всегда кормил лакомствами. Я был тут. Зашел разговор о лошадях, и Печорин начал расхваливать лошадь Казбича: уж такая-то она резвая, красивая, словно серна, – ну, просто, по его словам, этакой и в целом мире нет.

Засверкали глазенки у татарчонка, а Печорин будто не замечает; я заговорю о другом, а он, смотришь, тотчас собьет разговор на лошадь Казбича. Эта история продолжалась всякий раз, как приезжал Азамат. Недели три спустя стал я

13

замечать, что Азамат бледнеет и сохнет, как бывает от любви в романах-с. Что за диво?..

Вот видите, я уж после узнал всю эту штуку: Григорий Александрович до того его задразнил, что хоть в воду. Раз он ему и скажи:

«Вижу, Азамат, что тебе больно понравилась эта лошадь; а не видать тебе ее как своего затылка! Ну, скажи, что бы ты дал тому, кто тебе ее подарил бы?..»

«Все, что он захочет», – отвечал Азамат.

«В таком случае я тебе ее достану, только с условием… Поклянись, что ты его исполнишь…»

«Клянусь… Клянись и ты!»

«Хорошо! Клянусь, ты будешь владеть конем, только за него ты должен отдать мне сестру Бэлу: Карагез будет тебе калымом. Надеюсь, что торг для тебя выгоден».

Азамат молчал.

«Не хочешь? Ну, как хочешь! Я думал, что ты мужчина, а ты еще ребенок: рано тебе ездить верхом…»

Азамат вспыхнул.

«А мой отец?» – сказал он.

«Разве он никогда не уезжает?»

«Правда…»

«Согласен?..»

«Согласен, – прошептал Азамат, бледный как смерть. – Когда же?»

«В первый раз, как Казбич приедет сюда; он обещался пригнать десяток баранов: остальное – мое дело. Смотри же, Азамат!»

Вот они и сладили это дело… по правде сказать, нехорошее дело! Я после и говорил это Печорину, да только он мне отвечал, что дикая черкешенка должна быть счастлива, имея такого милого мужа, как он, потому что, по-ихнему, он все-таки ее муж, а что Казбич разбойник, которого надо было наказать. Сами посудите, что ж я мог отвечать против этого?.. Но в то время я ничего не знал об их заговоре. Вот раз приехал Казбич и спрашивает, не нужно ли баранов и меда; я велел ему привести на другой день.

«Азамат! – сказал Григорий Александрович, – завтра Карагез в моих руках; если нынче ночью Бэла не будет здесь, то не видать тебе коня…»

«Хорошо!» – сказал Азамат и поскакал в аул.

Вечером Григорий Александрович вооружился и выехал из крепости: как они сладили это дело, не знаю, – только ночью они оба возвратились, и часовой видел, что поперек седла Азамата лежала женщина, у которой руки и ноги были связаны, а голова окутана чадрой.

– А лошадь? – спросил я у штабс-капитана.

– Сейчас, сейчас. На другой день утром рано приехал Казбич и пригнал десяток баранов на продажу. Привязав лошадь у забора, он вошел ко мне; я попотчевал его чаем, потому что хотя разбойник он, а все-таки был моим кунаком.[7]

Стали мы болтать о том, о сем: вдруг, смотрю, Казбич вздрогнул, переменился в лице – и к окну; но окно, к несчастию, выходило на задворье.

«Что с тобой?» – спросил я.

«Моя лошадь!.. лошадь!..» – сказал он, весь дрожа.

Точно, я услышал топот копыт. «Это, верно, какой-нибудь казак приехал…»

«Нет! Урус яман, яман!» – заревел он и опрометью бросился вон, как дикий барс. В два прыжка он был уж на дворе; у ворот крепости часовой загородил ему путь ружьем; он перескочил через ружье и кинулся бежать по дороге… Вдали вилась пыль – Азамат скакал на лихом Карагезе; на бегу Казбич выхватил из чехла ружье и выстрелил, с минуту он остался неподвижен, пока не убедился, что дал промах; потом завизжал, ударил ружье о камень, разбил его вдребезги, повалился на землю и зарыдал, как ребенок… Вот кругом него собрался народ из крепости – он никого не замечал; постояли, потолковали и пошли назад; я велел возле его положить деньги за баранов – он их не тронул, лежал себе ничком, как мертвый. Поверите ли, он так пролежал до поздней ночи и целую ночь?.. Только на другое утро пришел в крепость и стал просить, чтоб

_____

[7] овраги. (Прим. Лермонтова.)

ему назвали похитителя. Часовой, который видел, как Азамат отвязал коня и ускакал на нем, не почел за нужное скрывать. При этом имени глаза Казбича засверкали, и он отправился в аул, где жил отец Азамата.

– Что ж отец?

– Да в том-то и штука, что его Казбич не нашел: он куда-то уезжал дней на шесть, а то удалось ли бы Азамату увезти сестру?

А когда отец возвратился, то ни дочери, ни сына не было. Такой хитрец, ведь смекнул, что не сносить ему головы, если б он попался. Так с тех пор и пропал: верно, пристал к какой-нибудь шайке абреков да и сложил буйную голову за Тереком или за Кубанью: туда и дорога!..

Признаюсь, и на мою долю порядочно досталось. Как я только проведал, что черкешенка у Григорья Александровича, то надел эполеты, шпагу и пошел к нему.

Он лежал в первой комнате на постели, подложив одну руку под затылок, а другой держа погасшую трубку; дверь во вторую комнату была заперта на замок, и ключа в замке не было. Я все это тотчас заметил... Я начал кашлять и постукивать каблуками о порог, только он притворялся, будто не слышит.

«Господин прапорщик! – сказал я как можно строже. – Разве вы не видите, что я к вам пришел?»

«Ах, здравствуйте, Максим Максимыч! Не хотите ли трубку? – отвечал он, не приподнимаясь».

«Извините! Я не Максим Максимыч, я штабс-капитан».

«Все равно. Не хотите ли чаю? Если б вы знали, какая мучит меня забота!»

«Я все знаю», – отвечал я, подошед к кровати.

«Тем лучше, я не в духе рассказывать».

«Господин прапорщик, вы сделали проступок, за который я могу отвечать...»

«И полноте! что ж за беда? Ведь у нас давно все пополам».

«Что за шутки? Пожалуйте вашу шпагу!»

«Митька, шпагу!..»

Митька принес шпагу. Исполнив долг свой, сел я к нему на кровать и сказал:

«Послушай, Григорий Александрович, признайся, что нехорошо».

«Что нехорошо?»

«Да то, что ты увез Бэлу… Уж эта мне бестия Азамат!.. Ну, признайся», – сказал я ему.

«Да когда она мне нравится?..»

Ну, что прикажете отвечать на это?.. Я стал в тупик. Однако ж после некоторого молчания я ему сказал, что если отец станет ее требовать, то надо будет отдать.

«Вовсе не надо!»

«Да он узнает, что она здесь?»

«А как он узнает?»

Я опять стал в тупик.

«Послушайте, Максим Максимыч! – сказал Печорин, приподнявшись, – ведь вы добрый человек, а если отдадим дочь этому дикарю, он ее зарежет или продаст. Дело сделано, не надо только охотою портить; оставьте ее у меня, а у себя мою шпагу…»

«Да покажите мне ее», – сказал я.

«Она за этой дверью; только я сам нынче напрасно хотел ее видеть; сидит в углу, закутавшись в покрывало, не говорит и не смотрит: пуглива, как дикая серна. Я нанял нашу духанщицу: она знает по-татарски, будет ходить за нею и приучит ее к мысли, что она моя, потому что она никому не будет принадлежать, кроме меня», – прибавил он, ударив кулаком по столу.

Я и в этом согласился… Что прикажете делать? Есть люди, с которыми непременно должно согласиться.

– А что? – спросил я у Максима Максимыча, – в самом ли деле он приучил ее к себе или она зачахла в неволе с тоски по родине?

– Помилуйте, отчего же с тоски по родине? Из крепости видны были те же горы, что из аула, – а этим дикарям больше ничего не надобно. Да притом Григорий Александрович каждый день дарил ей что-нибудь: первые дни она молча гордо

17

отталкивала подарки, которые тогда доставались духанщице и возбуждали ее красноречие. Ах, подарки! чего не сделает женщина за цветную тряпичку!.. Ну, да это в сторону… Долго бился с нею Григорий Александрович; между тем учился по-татарски, и она начинала понимать по-нашему. Мало-помалу она приучилась на него смотреть, сначала исподлобья, искоса, и все грустила, напевала свои песни вполголоса, так что, бывало, и мне становилось грустно, когда слушал ее из соседней комнаты. Никогда не забуду одной сцены, шел я мимо и заглянул в окно; Бэла сидела на лежанке, повесив голову на грудь, а Григорий Александрович стоял перед нею.

«Послушай, моя пери, – говорил он, – ведь ты знаешь, что рано или поздно ты должна быть моею, отчего же только мучишь меня? Разве ты любишь какого-нибудь чеченца? Если так, то я тебя сейчас отпущу домой. – Она вздрогнула едва приметно и покачала головой. – Или, – продолжал он, – я тебе совершенно ненавистен? – Она вздохнула. – Или твоя вера запрещает полюбить меня? – Она побледнела и молчала. – Поверь мне, Аллах для всех племен один и тот же, и если он мне позволяет любить тебя, отчего же запретит тебе платить мне взаимностью? – Она посмотрела ему пристально в лицо, как будто пораженная этой новой мыслию; в глазах ее выразились недоверчивость и желание убедиться. Что за глаза! они так и сверкали, будто два угля. – Послушай, милая, добрая Бэла! – продолжал Печорин, – ты видишь, как я тебя люблю; я все готов отдать, чтоб тебя развеселить: я хочу, чтоб ты была счастлива; а если ты снова будешь грустить, то я умру. Скажи, ты будешь веселей?»

Она призадумалась, не спуская с него черных глаз своих, потом улыбнулась ласково и кивнула головой в знак согласия. Он взял ее руку и стал ее уговаривать, чтоб она его целовала; она слабо защищалась и только повторяла: «Поджалуста, поджалуста, не нада, не нада». Он стал настаивать; она задрожала, заплакала.

«Я твоя пленница, – говорила она, – твоя раба; конечно, ты можешь меня принудить». И опять слезы.

Григорий Александрович ударил себя в лоб кулаком и

выскочил в другую комнату. Я зашел к нему; он сложа руки прохаживался угрюмый взад и вперед.

«Что, батюшка?» – сказал я ему.

«Дьявол, а не женщина! – отвечал он, – только я вам даю мое честное слово, что она будет моя…»

Я покачал головою.

«Хотите пари? – сказал он, – через неделю!»

«Извольте!»

Мы ударили по рукам и разошлись.

На другой день он тотчас же отправил нарочного в Кизляр за разными покупками; привезено было множество разных персидских материй, всех не перечесть.

«Как вы думаете, Максим Максимыч! – сказал он мне, показывая подарки, – устоит ли азиатская красавица против такой батареи?»

«Вы черкешенок не знаете, – отвечал я, – это совсем не то, что грузинки или закавказские татарки, совсем не то. У них свои правила: они иначе воспитаны».

Григорий Александрович улыбнулся и стал насвистывать марш.

А ведь вышло, что я был прав: подарки подействовали только вполовину; она стала ласковее, доверчивее, да и только; так что он решился на последнее средство. Раз утром он велел оседлать лошадь, оделся по-черкесски, вооружился и вошел к ней. «Бэла! – сказал он, – ты знаешь, как я тебя люблю. Я решился тебя увезти, думая, что ты, когда узнаешь меня, полюбишь; я ошибся: прощай! оставайся полной хозяйкой всего, что я имею; если хочешь, вернись к отцу, – ты свободна. Я виноват перед тобой и должен наказать себя; прощай, я еду – куда? почему я знаю? Авось недолго буду гоняться за пулей или ударом шашки; тогда вспомни обо мне и прости меня». Он отвернулся и протянул ей руку на прощание. Она не взяла руки, молчала. Только стоя за дверью, я мог в щель рассмотреть ее лицо, и мне стало жаль – такая смертельная бледность покрыла это милое личико! Не слыша ответа, Печорин сделал несколько шагов к двери; он дрожал – и сказать ли вам? я думаю, он в состоянии был исполнить в самом деле то, о чем говорил шутя. Таков уж был человек, бог его знает! Только едва он коснулся двери, как она вскочила, зарыдала и бросилась ему на шею. Поверите ли? я, стоя за дверью, также заплакал, то есть, знаете, не то чтобы заплакал, а так – глупость!..

Штабс-капитан замолчал.

– Да, признаюсь, – сказал он потом, теребя усы, – мне стало досадно, что никогда ни одна женщина меня так не любила.

– И продолжительно было их счастье? – спросил я.

– Да, она нам призналась, что с того дня, как увидела Печорина, он часто ей грезился во сне и что ни один мужчина никогда не производил на нее такого впечатления. Да, они были счастливы!

– Как это скучно! – воскликнул я невольно. В самом деле, я ожидал трагической развязки, и вдруг так неожиданно обмануть мои надежды!.. – Да неужели, – продолжал я, – отец не догадался, что она у вас в крепости?

– То есть, кажется, он подозревал. Спустя несколько дней узнали мы, что старик убит. Вот как это случилось…

Внимание мое пробудилось снова.

– Надо вам сказать, что Казбич вообразил, будто Азамат с согласия отца украл у него лошадь, по крайней мере, я так полагаю. Вот он раз и дождался у дороги версты три за аулом; старик возвращался из напрасных поисков за дочерью; уздени его отстали, – это было в сумерки, – он ехал задумчиво шагом, как вдруг Казбич, будто кошка, нырнул из-за куста, прыг сзади его на лошадь, ударом кинжала свалил его наземь, схватил поводья – и был таков; некоторые уздени все это видели с пригорка; они бросились догонять, только не догнали.

– Он вознаградил себя за потерю коня и отомстил, – сказал я, чтоб вызвать мнение моего собеседника.

– Конечно, по-ихнему, – сказал штабс-капитан, – он был совершенно прав.

Меня невольно поразила способность русского человека применяться к обычаям тех народов, среди которых ему случается жить; не знаю, достойно порицания или похвалы это свойство ума, только оно доказывает неимоверную его гибкость и присутствие этого ясного здравого смысла, который прощает зло везде, где видит его необходимость или невозможность его уничтожения.

Между тем чай был выпит; давно запряженные кони продрогли на снегу; месяц бледнел на западе и готов уж был погрузиться в черные свои тучи, висящие на дальних вершинах, как клочки разодранного занавеса; мы вышли из сакли. Вопреки предсказанию моего спутника, погода прояснилась и обещала нам тихое утро; хороводы звезд чудными узорами сплетались на далеком небосклоне и одна за другою гасли по мере того, как бледноватый отблеск востока разливался по темно-лиловому своду, озаряя постепенно крутые отлогости гор, покрытые девственными снегами. Направо и налево чернели мрачные, таинственные пропасти, и туманы, клубясь и извиваясь, как змеи, сползали туда по морщинам соседних скал, будто чувствуя и пугаясь приближения дня.

Тихо было все на небе и на земле, как в сердце человека в минуту утренней молитвы; только изредка набегал прохладный ветер с востока, приподнимая гриву лошадей, покрытую инеем. Мы тронулись в путь; с трудом пять худых кляч тащили наши повозки по извилистой дороге на Гуд-гору; мы шли пешком сзади, подкладывая камни под колеса, когда лошади выбивались из сил; казалось, дорога вела на небо, потому что, сколько глаз мог разглядеть, она все поднималась и наконец пропадала в облаке, которое еще с вечера отдыхало на вершине Гуд-горы, как коршун, ожидающий добычу; снег хрустел под ногами нашими; воздух становился так редок, что было больно дышать; кровь поминутно приливала в голову, но со всем тем какое-то отрадное чувство распространялось по всем моим жилам, и мне было как-то весело, что я так высоко над миром, – чувство детское, не спорю, но, удаляясь от условий общества и приближаясь к природе, мы невольно становимся детьми; все приобретенное отпадает от души, и она делается вновь такою, какой была некогда и, верно, будет когда-нибудь опять. Тот, кому случалось, как мне, бродить по горам пустынным, и долго-долго всматриваться в их причудливые образы, и жадно глотать животворящий воздух, разлитый в их ущельях, тот, конечно, поймет мое желание передать, рассказать, нарисовать эти волшебные картины. Вот наконец мы взобрались на Гуд-гору, остановились и оглянулись: на ней висело серое облако, и его холодное дыхание грозило близкой бурею; но на востоке все было так ясно и золотисто, что мы, то есть я и штабс-капитан, совершенно о нем забыли… Да, и штабс-капитан: в сердцах простых чувство красоты и величия природы сильнее, живее во сто крат, чем в нас, восторженных рассказчиках на словах и на бумаге.

— Вы, я думаю, привыкли к этим великолепным картинам? – сказал я ему.

— Да-с, и к свисту пули можно привыкнуть, то есть привыкнуть скрывать невольное биение сердца.

— Я слышал напротив, что для иных старых воинов эта музыка даже приятна.

— Разумеется, если хотите, оно и приятно; только все же потому, что сердце бьется сильнее. Посмотрите, – прибавил он, указывая на восток, – что за край!

И точно, такую панораму вряд ли где еще удастся мне видеть: под нами лежала Койшаурская долина, пересекаемая Арагвой и другой речкой, как двумя серебряными нитями; голубоватый туман скользил по ней, убегая в соседние теснины от теплых лучей утра; направо и налево гребни гор, один выше другого, пересекались, тянулись, покрытые снегами, кустарником; вдали те же горы, но хоть бы две скалы, похожие одна на другую, и все эти снега горели румяным блеском так весело, так ярко, что кажется, тут бы и остаться жить навеки; солнце чуть показалось из-за темно-синей горы, которую только привычный глаз мог бы различить от грозовой тучи; но над солнцем была кровавая полоса, на которую мой товарищ обратил особенное внимание.

— Я говорил вам, – воскликнул он, – что нынче будет погода; надо торопиться, а то, пожалуй, она застанет нас на Крестовой. Трогайтесь! – закричал он ямщикам.

Подложили цепи под колеса вместо тормозов, чтоб они не раскатывались, взяли лошадей под уздцы и начали спускаться; направо был утес, налево пропасть такая, что целая деревушка осетин, живущих на дне ее, казалась гнездом ласточки; я содрогнулся, подумав, что часто здесь, в глухую ночь, по этой дороге, где две повозки не могут разъехаться, какой-нибудь курьер раз десять в год проезжает, не вылезая из своего тряского экипажа. Один из наших извозчиков был русский ярославский мужик, другой осетин: осетин вел коренную под уздцы со всеми возможными предосторожностями, отпрягши заранее уносных, а наш беспечный русак даже не слез с облучка! Когда я ему заметил, что он мог бы побеспокоиться в пользу хотя моего чемодана, за которым я вовсе не желал лазить в эту бездну, он отвечал мне: «И, барин! Бог даст, не хуже их доедем: ведь нам не впервые», – и он был прав: мы точно могли бы не доехать, однако ж все-таки доехали, и если б все люди побольше рассуждали, то убедились бы, что жизнь не стоит того, чтоб об ней так много заботиться…

Но, может быть, вы хотите знать окончание истории Бэлы? Во-первых, я пишу не повесть, а путевые записки; следовательно, не могу заставить штабс-капитана рассказывать прежде, нежели он начал рассказывать в самом деле. Итак, погодите или, если хотите, переверните несколько страниц, только я вам этого не советую, потому что переезд через Крестовую гору (или, как называет ее ученый Гамба, le mont St.-Christophe) достоин вашего любопытства. Итак, мы спускались с Гуд-горы в Чертову долину… Вот романтическое название! Вы уже видите гнездо злого духа между неприступными утесами, – не тут-то было: название Чертовой долины происходит от слова «черта», а не «черт», ибо здесь когда-то была граница Грузии. Эта долина была завалена снеговыми сугробами, напоминавшими довольно живо Саратов, Тамбов и прочие милые места нашего отечества.

– Вот и Крестовая! – сказал мне штабс-капитан, когда мы съехали в Чертову долину, указывая на холм, покрытый пеленою снега; на его вершине чернелся каменный крест, и мимо его вела едва-едва заметная дорога, по которой проезжают только тогда, когда боковая завалена снегом; наши извозчики объявили, что обвалов еще не было, и, сберегая лошадей, повезли нас кругом.

При повороте встретили мы человек пять осетин; они

предложили нам свои услуги и, уцепясь за колеса, с криком принялись тащить и поддерживать наши тележки. И точно, дорога опасная: направо висели над нашими головами груды снега, готовые, кажется, при первом порыве ветра оборваться в ущелье; узкая дорога частию была покрыта снегом, который в иных местах проваливался под ногами, в других превращался в лед от действия солнечных лучей и ночных морозов, так что с трудом мы сами пробирались; лошади падали; налево зияла глубокая расселина, где катился поток, то скрываясь под ледяной корою, то с пеною прыгая по черным камням. В два часа едва могли мы обогнуть Крестовую гору – две версты в два часа! Между тем тучи спустились, повалил град, снег; ветер, врываясь в ущелья, ревел, свистал, как Соловей-разбойник, и скоро каменный крест скрылся в тумане, которого волны, одна другой гуще и теснее, набегали с востока... Кстати, об этом кресте существует странное, но всеобщее предание, будто его поставил император Петр I, проезжая через Кавказ; но, во-первых, Петр был только в Дагестане, и, во-вторых, на кресте написано крупными буквами, что он поставлен по приказанию г. Ермолова, а именно в 1824 году. Но предание, несмотря на надпись, так укоренилось, что, право, не знаешь, чему верить, тем более что мы не привыкли верить надписям.

Нам до́лжно было спускаться еще верст пять по обледеневшим скалам и топкому снегу, чтоб достигнуть станции Коби. Лошади измучились, мы продрогли; метель гудела сильнее и сильнее, точно наша родимая, северная; только ее дикие напевы были печальнее, заунывнее. «И ты, изгнанница, – думал я, – плачешь о своих широких, раздольных степях! Там есть где развернуть холодные крылья, а здесь тебе душно и тесно, как орлу, который с криком бьется о решетку железной своей клетки».

– Плохо! – говорил штабс-капитан, – посмотрите, кругом ничего не видно, только туман да снег; того и гляди, что свалимся в пропасть или засядем в трущобу, а там пониже, чай, Байдара так разыгралась, что и не переедешь. Уж эта мне Азия! что люди, что речки – никак нельзя положиться!

Извозчики с криком и бранью колотили лошадей, которые

фыркали, упирались и не хотели ни за что в свете тронуться с места, несмотря на красноречие кнутов.

– Ваше благородие, – сказал наконец один, – ведь мы нынче до Коби не доедем; не прикажете ли, покамест можно, своротить налево? Вон там что-то на косогоре чернеется – верно, сакли: там всегда-с проезжающие останавливаются в погоду; они говорят, что проведут, если дадите на водку, – прибавил он, указывая на осетина.

– Знаю, братец, знаю без тебя! – сказал штабс-капитан, – уж эти бестии! рады придраться, чтоб сорвать на водку.

– Признайтесь, однако, – сказал я, – что без них нам было бы хуже.

– Все так, все так, – пробормотал он, – уж эти мне проводники! чутьем слышат, где можно попользоваться, будто без них и нельзя найти дороги.

Вот мы и свернули налево и кое-как, после многих хлопот, добрались до скудного приюта, состоящего из двух саклей, сложенных из плит и булыжника и обведенных такою же стеною; оборванные хозяева приняли нас радушно. Я после узнал, что правительство им платит и кормит их с условием, чтоб они принимали путешественников, застигнутых бурею.

– Все к лучшему! – сказал я, присев у огня, – теперь вы мне доскажете вашу историю про Бэлу; я уверен, что этим не кончилось.

– А почему ж вы так уверены? – отвечал мне штабс-капитан, примигивая с хитрой улыбкою…

– Оттого, что это не в порядке вещей: что началось необыкновенным образом, то должно так же и кончиться.

– Ведь вы угадали…

– Очень рад.

– Хорошо вам радоваться, а мне так, право, грустно, как вспомню. Славная была девочка, эта Бэла! Я к ней наконец так привык, как к дочери, и она меня любила. Надо вам сказать, что у меня нет семейства: об отце и матери я лет двенадцать уж не имею известия, а запастись женой не догадался раньше, – так теперь уж, знаете, и не к лицу; я и рад был, что нашел кого баловать. Она, бывало, нам поет песни иль пляшет лезгинку…

25

А уж как плясала! видал я наших губернских барышень, я раз был-с и в Москве в благородном собрании, лет двадцать тому назад, — только куда им! совсем не то!.. Григорий Александрович наряжал ее, как куколку, холил и лелеял; и она у нас так похорошела, что чудо; с лица и с рук сошел загар, румянец разыгрался на щеках… Уж какая, бывало, веселая, и все надо мной, проказница, подшучивала… Бог ей прости!..

— А что, когда вы ей объявили о смерти отца?

— Мы долго от нее это скрывали, пока она не привыкла к своему положению; а когда сказали, так она дня два поплакала, а потом забыла.

Месяца четыре все шло как нельзя лучше. Григорий Александрович, я уж, кажется, говорил, страстно любил охоту: бывало, так его в лес и подмывает за кабанами или козами, — а тут хоть бы вышел за крепостной вал. Вот, однако же, смотрю, он стал снова задумываться, ходит по комнате, загнув руки назад; потом раз, не сказав никому, отправился стрелять, — целое утро пропадал; раз и другой, все чаще и чаще… «Нехорошо, — подумал я, — верно между ними черная кошка проскочила!»

Одно утро захожу к ним — как теперь перед глазами: Бэла сидела на кровати в черном шелковом бешмете, бледненькая, такая печальная, что я испугался.

«А где Печорин?» — спросил я.

«На охоте».

«Сегодня ушел?»

Она молчала, как будто ей трудно было выговорить.

«Нет, еще вчера», — наконец сказала она, тяжело вздохнув.

«Уж не случилось ли с ним чего?»

«Я вчера целый день думала, — отвечала она сквозь слезы, — придумывала разные несчастья: то казалось мне, что его ранил дикий кабан, то чеченец утащил в горы… А нынче мне уж кажется, что он меня не любит».

«Право, милая, ты хуже ничего не могла придумать!»

Она заплакала, потом с гордостью подняла голову, отерла слезы и продолжала:

«Если он меня не любит, то кто ему мешает отослать меня

26

домой? Я его не принуждаю. А если это так будет продолжаться, то я сама уйду: я не раба его – я княжеская дочь!..»

Я стал ее уговаривать.

«Послушай, Бэла, ведь нельзя же ему век сидеть здесь как пришитому к твоей юбке: он человек молодой, любит погоняться за дичью, – походит, да и придет; а если ты будешь грустить, то скорей ему наскучишь».

«Правда, правда! – отвечала она, – я буду весела». И с хохотом схватила свой бубен, начала петь, плясать и прыгать около меня; только и это не было продолжительно; она опять упала на постель и закрыла лицо руками.

Что было с нею мне делать? Я, знаете, никогда с женщинами не обращался: думал, думал, чем ее утешить, и ничего не придумал; несколько времени мы оба молчали... Пренеприятное положение-с!

Наконец я ей сказал: «Хочешь, пойдем прогуляться на вал? погода славная!» Это было в сентябре; и точно, день был чудесный, светлый и не жаркий; все горы видны были как на блюдечке. Мы пошли, походили по крепостному валу взад и вперед, молча; наконец она села на дерн, и я сел возле нее. Ну, право, вспомнить смешно: я бегал за нею, точно какая-нибудь нянька.

Крепость наша стояла на высоком месте, и вид был с вала прекрасный; с одной стороны широкая поляна, изрытая несколькими балками, оканчивалась лесом, который тянулся до самого хребта гор; кое-где на ней дымились аулы, ходили табуны; с другой – бежала мелкая речка, и к ней примыкал частый кустарник, покрывавший кремнистые возвышенности, которые соединялись с главной цепью Кавказа. Мы сидели на углу бастиона, так что в обе стороны могли видеть все. Вот смотрю: из леса выезжает кто-то на серой лошади, все ближе и ближе и, наконец, остановился по ту сторону речки, саженях во сте от нас, и начал кружить лошадь свою как бешеный. Что за притча!..

«Посмотри-ка, Бэла, – сказал я, – у тебя глаза молодые, что это за джигит, кого это он приехал тешить?..»

Она взглянула и вскрикнула:

«Это Казбич!..»

«Ах он разбойник! смеяться, что ли, приехал над нами?»

Всматриваюсь, точно Казбич: его смуглая рожа, оборванный, грязный, как всегда.

«Это лошадь отца моего», – сказала Бэла, схватив меня за руку; она дрожала, как лист, и глаза ее сверкали. «Ага! – подумал я, – и в тебе, душенька, не молчит разбойничья кровь!»

«Подойди-ка сюда, – сказал я часовому, – осмотри ружье да ссади мне этого молодца, – получишь рубль серебром».

«Слушаю, ваше высокоблагородие; только он не стоит на месте…»

«Прикажи!» – сказал я, смеясь…

«Эй, любезный! – закричал часовой, махая ему рукой, – подожди маленько, что ты крутишься, как волчок?»

Казбич остановился в самом деле и стал вслушиваться: верно, думал, что с ним заводят переговоры, – как не так!.. Мой гренадер приложился… бац!.. мимо, – только что порох на полке вспыхнул; Казбич толкнул лошадь, и она дала скачок в сторону. Он привстал на стременах, крикнул что-то по-своему, пригрозил нагайкой – и был таков.

«Как тебе не стыдно!» – сказал я часовому.

«Ваше высокоблагородие! умирать отправился, – отвечал он, – такой проклятый народ, сразу не убьешь».

Четверть часа спустя Печорин вернулся с охоты; Бэла бросилась ему на шею, и ни одной жалобы, ни одного упрека за долгое отсутствие… Даже я уж на него рассердился.

«Помилуйте, – говорил я, – ведь вот сейчас тут был за речкою Казбич, и мы по нем стреляли; ну, долго ли вам на него наткнуться? Эти горцы народ мстительный: вы думаете, что он не догадывается, что вы частию помогли Азамату? А я бьюсь об заклад, что нынче он узнал Бэлу. Я знаю, что год тому назад она ему больно нравилась – он мне сам говорил, – и если б надеялся собрать порядочный калым, то, верно, бы посватался…»

Тут Печорин задумался. «Да, – отвечал он, – надо быть осторожнее… Бэла, с нынешнего дня ты не должна более ходить на крепостной вал».

Вечером я имел с ним длинное объяснение: мне было досадно, что он переменился к этой бедной девочке; кроме того, что он половину дня проводил на охоте, его обращение стало холодно, ласкал он ее редко, и она заметно начинала сохнуть, личико ее вытянулось, большие глаза потускнели. Бывало, спросишь: «О чем ты вздохнула, Бэла? ты печальна?» – «Нет!» – «Тебе чего-нибудь хочется?» – «Нет!» – «Ты тоскуешь по родным?» – «У меня нет родных». Случалось, по целым дням, кроме «да» да «нет», от нее ничего больше не добьешься.

Вот об этом-то я и стал ему говорить. «Послушайте, Максим Максимыч, – отвечал он, – у меня несчастный характер; воспитание ли меня сделало таким, Бог ли так меня создал, не знаю; знаю только то, что если я причиною несчастия других, то и сам не менее несчастлив; разумеется, это им плохое утешение – только дело в том, что это так. В первой моей молодости, с той минуты, когда я вышел из опеки родных, я стал наслаждаться бешено всеми удовольствиями, которые можно достать за деньги, и, разумеется, удовольствия эти мне опротивели. Потом пустился я в большой свет, и скоро общество мне также надоело; влюблялся в светских красавиц и был любим, но их любовь только раздражала мое воображение и самолюбие, а сердце осталось пусто... Я стал читать, учиться – науки также надоели; я видел, что ни слава, ни счастье от них не зависят нисколько, потому что самые счастливые люди – невежды, а слава – удача, и, чтоб добиться ее, надо только быть ловким. Тогда мне стало скучно... Вскоре перевели меня на Кавказ: это самое счастливое время моей жизни. Я надеялся, что скука не живет под чеченскими пулями, – напрасно: через месяц я так привык к их жужжанию и к близости смерти, что, право, обращал больше внимание на комаров, – и мне стало скучнее прежнего, потому что я потерял почти последнюю надежду. Когда я увидел Бэлу в своем доме, когда в первый раз, держа ее на коленях, целовал ее черные локоны, я, глупец, подумал, что она ангел, посланный мне сострадательной судьбою... Я опять ошибся: любовь дикарки немногим лучше любви знатной барыни; невежество и простосердечие одной так же надоедают, как и кокетство другой. Если вы хотите, я ее

29

еще люблю, я ей благодарен за несколько минут довольно сладких, я за нее отдам жизнь, только мне с нею скучно… Глупец я или злодей, не знаю; но то верно, что я также очень достоин сожаления, может быть больше, нежели она: во мне душа испорчена светом, воображение беспокойное, сердце ненасытное; мне все мало: к печали я так же легко привыкаю, как к наслаждению, и жизнь моя становится пустее день ото дня; мне осталось одно средство: путешествовать. Как только будет можно, отправлюсь – только не в Европу, избави боже! – поеду в Америку, в Аравию, в Индию, – авось где-нибудь умру на дороге! По крайней мере я уверен, что это последнее утешение не скоро истощится, с помощью бурь и дурных дорог». Так он говорил долго, и его слова врезались у меня в памяти, потому что в первый раз я слышал такие вещи от двадцатипятилетнего человека – и, Бог даст, в последний… Что за диво! Скажите-ка, пожалуйста, – продолжал штабс-капитан, обращаясь ко мне. – Вы вот, кажется, бывали в столице, и недавно: неужели тамошняя молодежь вся такова?

Я отвечал, что много есть людей, говорящих то же самое; что есть, вероятно, и такие, которые говорят правду; что, впрочем, разочарование, как все моды, начав с высших слоев общества, спустилось к низшим, которые его донашивают, и что нынче те, которые больше всех и в самом деле скучают, стараются скрыть это несчастье, как порок. Штабс-капитан не понял этих тонкостей, покачал головою и улыбнулся лукаво:

– А все, чай, французы ввели моду скучать?

– Нет, англичане.

– А-га, вот что!.. – отвечал он, – да ведь они всегда были отъявленные пьяницы!

Я невольно вспомнил об одной московской барыне, которая утверждала, что Байрон был больше ничего, как пьяница. Впрочем, замечание штабс-капитана было извинительнее: чтоб воздерживаться от вина, он, конечно, старался уверять себя, что все в мире несчастия происходят от пьянства.

Между тем он продолжал свой рассказ таким образом:

– Казбич не являлся снова. Только не знаю почему, я не мог

выбить из головы мысль, что он недаром приезжал и затевает что-нибудь худое.

Вот раз уговаривает меня Печорин ехать с ним на кабана; я долго отнекивался: ну, что мне был за диковинка кабан! Однако ж утащил-таки он меня с собой. Мы взяли человек пять солдат и уехали рано утром. До десяти часов шныряли по камышам и по лесу, – нет зверя. «Эй, не воротиться ли? – говорил я, – к чему упрямиться? Уж, видно, такой задался несчастный день!» Только Григорий Александрович, несмотря на зной и усталость, не хотел воротиться без добычи, таков уж был человек: что задумает, подавай; видно, в детстве был маменькой избалован… Наконец в полдень отыскали проклятого кабана: паф! паф!.. не тут-то было: ушел в камыши… такой уж был несчастный день! Вот мы, отдохнув маленько, отправились домой.

Мы ехали рядом, молча, распустив поводья, и были уж почти у самой крепости, только кустарник закрывал ее от нас. Вдруг выстрел… Мы взглянули друг на друга: нас поразило одинаковое подозрение… Опрометью поскакали мы на выстрел – смотрим: на валу солдаты собрались в кучу и указывают в поле, а там летит стремглав всадник и держит что-то белое на седле. Григорий Александрович взвизгнул не хуже любого чеченца; ружье из чехла – и туда; я за ним.

К счастью, по причине неудачной охоты, наши кони не были измучены: они рвались из-под седла, и с каждым мгновением мы были все ближе и ближе… И наконец я узнал Казбича, только не мог разобрать, что такое он держал перед собою. Я тогда поравнялся с Печориным и кричу ему: «Это Казбич!..» Он посмотрел на меня, кивнул головою и ударил коня плетью.

Вот наконец мы были уж от него на ружейный выстрел; измучена ли была у Казбича лошадь или хуже наших, только, несмотря на все его старания, она не больно подавалась вперед. Я думаю, в эту минуту он вспомнил своего Карагеза…

Смотрю, Печорин на скаку приложился из ружья… «Не стреляйте! – кричу я ему, – берегите заряд; мы и так его догоним». Уж эта молодежь! вечно некстати горячится… Но выстрел раздался, и пуля перебила заднюю ногу лошади: она сгоряча сделала еще прыжков десять, споткнулась и упала на колени; Казбич соскочил, и тогда мы увидели, что он держал на руках своих женщину, окутанную чадрою… Это была Бэла… бедная Бэла! Он что-то нам закричал по-своему и занес над нею кинжал… Медлить было нечего: я выстрелил, в свою очередь, наудачу; верно, пуля попала ему в плечо, потому что вдруг он опустил руку… Когда дым рассеялся, на земле лежала раненая лошадь и возле нее Бэла; а Казбич, бросив ружье, по кустарникам, точно кошка, карабкался на утес; хотелось мне его снять оттуда – да не было заряда готового! Мы соскочили с лошадей и кинулись к Бэле. Бедняжка, она лежала неподвижно, и кровь лилась из раны ручьями… Такой злодей; хоть бы в сердце ударил – ну, так уж и быть, одним разом все бы кончил, а то в спину… самый разбойничий удар! Она была без памяти. Мы изорвали чадру и перевязали рану как можно туже; напрасно Печорин целовал ее холодные губы – ничто не могло привести ее в себя.

Печорин сел верхом; я поднял ее с земли и кое-как посадил к нему на седло; он обхватил ее рукой, и мы поехали назад. После нескольких минут молчания Григорий Александрович сказал мне: «Послушайте, Максим Максимыч, мы этак ее не довезем живую». – «Правда!» – сказал я, и мы пустили лошадей во весь дух. Нас у ворот крепости ожидала толпа народа; осторожно перенесли мы раненую к Печорину и послали за лекарем. Он был хотя пьян, но пришел: осмотрел рану и объявил, что она больше дня жить не может; только он ошибся…

– Выздоровела? – спросил я у штабс-капитана, схватив его за руку и невольно обрадовавшись.

– Нет, – отвечал он, – а ошибся лекарь тем, что она еще два дня прожила.

– Да объясните мне, каким образом ее похитил Казбич?

– А вот как: несмотря на запрещение Печорина, она вышла из крепости к речке. Было, знаете, очень жарко; она села на камень и опустила ноги в воду. Вот Казбич подкрался – цап-царап ее, зажал рот и потащил в кусты, а там вскочил на коня, да и тягу! Она между тем успела закричать, часовые всполошились, выстрелили, да мимо, а мы тут и подоспели.

– Да зачем Казбич ее хотел увезти?

– Помилуйте, да эти черкесы известный воровской народ: что плохо лежит, не могут не стянуть; другое и ненужно, а все украдет… уж в этом прошу их извинить! Да притом она ему давно-таки нравилась.

– И Бэла умерла?

– Умерла; только долго мучилась, и мы уж с нею измучились порядком. Около десяти часов вечера она пришла в себя; мы сидели у постели; только что она открыла глаза, начала звать Печорина. – «Я здесь, подле тебя, моя джанечка (то есть, по-нашему, душенька)», – отвечал он, взяв ее за руку. «Я умру!» – сказала она. Мы начали ее утешать, говорили, что лекарь обещал ее вылечить непременно; она покачала головой и отвернулась к стене: ей не хотелось умирать!..

Ночью она начала бредить; голова ее горела, по всему телу иногда пробегала дрожь лихорадки; она говорила несвязные речи об отце, брате – ей хотелось в горы, домой… Потом она также говорила о Печорине, давала ему разные нежные названия или упрекала его в том, что он разлюбил свою джанечку…

Он слушал ее молча, опустив голову на руки; но только я во все время не заметил ни одной слезы на ресницах его: в самом ли деле он не мог плакать или владел собою – не знаю; что до меня, то я ничего жальче этого не видывал.

К утру бред прошел; с час она лежала неподвижная, бледная и в такой слабости, что едва можно было заметить, что она дышит; потом ей стало лучше, и она начала говорить, только как вы думаете о чем?.. Этакая мысль придет ведь только умирающему!.. Начала печалиться о том, что она не христианка, и что на том свете душа ее никогда не встретится с душою Григория Александровича, и что иная женщина будет в раю его подругой. Мне пришло на мысль окрестить ее перед смертию; я ей это предложил; она посмотрела на меня в нерешимости и долго не могла слова вымолвить; наконец отвечала, что она умрет в той вере, в какой родилась. Так прошел целый день. Как она переменилась в этот день! бледные щеки впали, глаза сделались большие, губы горели. Она чувствовала внутренний жар, как будто в груди у ней лежало раскаленное железо.

Настала другая ночь; мы не смыкали глаз, не отходили от ее постели. Она ужасно мучилась, стонала, и только что боль начинала утихать, она старалась уверить Григория Александровича, что ей лучше, уговаривала его идти спать, целовала его руку, не выпускала ее из своих. Перед утром стала она чувствовать тоску смерти, начала метаться, сбила перевязку, и кровь потекла снова. Когда перевязали рану, она на минуту успокоилась и начала просить Печорина, чтоб он ее поцеловал. Он стал на колени возле кровати, приподнял ее голову с подушки и прижал свои губы к ее холодеющим губам; она крепко обвила его шею дрожащими руками, будто в этом поцелуе хотела передать ему свою душу... Нет, она хорошо сделала, что умерла: ну, что бы с ней сталось, если б Григорий Александрович ее покинул? А это бы случилось, рано или поздно...

Половину следующего дня она была тиха, молчалива и послушна, как ни мучил ее наш лекарь припарками и микстурой. «Помилуйте, – говорил я ему, – ведь вы сами сказали, что она умрет непременно, так зачем тут все ваши препараты?» – «Все-таки лучше, Максим Максимыч, – отвечал он, – чтоб совесть была покойна». Хороша совесть!

После полудня она начала томиться жаждой. Мы отворили окна, но на дворе было жарче, чем в комнате; поставили льду около кровати – ничего не помогало. Я знал, что эта невыносимая жажда – признак приближения конца, и сказал это Печорину. «Воды, воды!..» – говорила она хриплым голосом, приподнявшись с постели.

Он сделался бледен как полотно, схватил стакан, налил и подал ей. Я закрыл глаза руками и стал читать молитву, не помню какую... Да, батюшка, видал я много, как люди умирают в гошпиталях и на поле сражения, только это все не то, совсем не то!.. Еще, признаться, меня вот что печалит: она перед смертью ни разу не вспомнила обо мне; а кажется, я ее любил как отец… ну да Бог ее простит!.. И вправду молвить: что ж я такое, чтоб обо мне вспоминать перед смертью?

Только что она испила воды, как ей стало легче, а минуты через три она скончалась. Приложили зеркало к губам – гладко!.. Я вывел Печорина вон из комнаты, и мы пошли на крепостной вал; долго мы ходили взад и вперед рядом, не говоря ни слова, загнув руки на спину; его лицо ничего не выражало особенного, и мне стало досадно: я бы на его месте умер с горя. Наконец он сел на землю, в тени, и начал что-то чертить палочкой на песке. Я, знаете, больше для приличия хотел утешить его, начал говорить; он поднял голову и засмеялся… У меня мороз пробежал по коже от этого смеха… Я пошел заказывать гроб.

Признаться, я частию для развлечения занялся этим. У меня был кусок термаламы, я обил ею гроб и украсил его черкесскими серебряными галунами, которых Григорий Александрович накупил для нее же.

На другой день рано утром мы ее похоронили за крепостью, у речки, возле того места, где она в последний раз сидела; кругом ее могилки теперь разрослись кусты белой акации и бузины. Я хотел было поставить крест, да, знаете, неловко: все-таки она была не христианка…

– А что Печорин? – спросил я.

– Печорин был долго нездоров, исхудал, бедняжка; только никогда с этих пор мы не говорили о Бэле: я видел, что ему будет неприятно, так зачем же? Месяца три спустя его назначили в Е…й полк, и он уехал в Грузию. Мы с тех пор не встречались, да помнится, кто-то недавно мне говорил, что он возвратился в Россию, но в приказах по корпусу не было. Впрочем, до нашего брата вести поздно доходят.

Тут он пустился в длинную диссертацию о том, как неприятно узнавать новости годом позже, – вероятно, для того, чтоб заглушить печальные воспоминания.

Я не перебивал его и не слушал.

Через час явилась возможность ехать; метель утихла, небо прояснилось, и мы отправились. Дорогой невольно я опять завел речь о Бэле и о Печорине.

– А не слыхали ли вы, что сделалось с Казбичем? – спросил я.

– С Казбичем? А, право, не знаю... Слышал я, что на правом фланге у шапсугов есть какой-то Казбич, удалец, который в красном бешмете разъезжает шажком под нашими выстрелами и превежливо раскланивается, когда пуля прожужжит близко; да вряд ли это тот самый!..

В Коби мы расстались с Максимом Максимычем; я поехал на почтовых, а он, по причине тяжелой поклажи, не мог за мной следовать. Мы не надеялись никогда более встретиться, однако встретились, и, если хотите, я расскажу: это целая история... Сознайтесь, однако ж, что Максим Максимыч человек достойный уважения?.. Если вы сознаетесь в этом, то я вполне буду вознагражден за свой, может быть, слишком длинный рассказ.

II

МАКСИМ МАКСИМЫЧ

Расставшись с Максимом Максимычем, я живо проскакал Терекское и Дарьяльское ущелья, завтракал в Казбеке, чай пил в Ларсе, а к ужину поспел в Владыкавказ. Избавлю вас от описания гор, от возгласов, которые ничего не выражают, от картин, которые ничего не изображают, особенно для тех, которые там не были, и от статистических замечаний, которые решительно никто читать не станет.

Я остановился в гостинице, где останавливаются все проезжие и где между тем некому велеть зажарить фазана и сварить щей, ибо три инвалида, которым она поручена, так глупы или так пьяны, что от них никакого толка нельзя добиться.

Мне объявили, что я должен прожить тут еще три дня, ибо «оказия» из Екатеринограда еще не пришла и, следовательно, отправляться обратно не может. Что за оказия!.. но дурной каламбур не утешение для русского человека, и я, для развлечения, вздумал записывать рассказ Максима Максимыча о Бэле, не воображая, что он будет первым звеном длинной цепи повестей; видите, как иногда маловажный случай имеет жестокие последствия!.. А вы, может быть, не знаете, что такое «оказия»? Это прикрытие, состоящее из полроты пехоты и пушки, с которыми ходят обозы через Кабарду из Владыкавказа в Екатериноград.

Первый день я провел очень скучно; на другой рано утром въезжает на двор повозка… А! Максим Максимыч!.. Мы встретились как старые приятели. Я предложил ему свою комнату. Он не церемонился, даже ударил меня по плечу и скривил рот на манер улыбки. Такой чудак!..

Максим Максимыч имел глубокие сведения в поваренном искусстве: он удивительно хорошо зажарил фазана, удачно полил его огуречным рассолом, и я должен признаться, что без него пришлось бы остаться на сухоядении. Бутылка кахетинского помогла нам забыть о скромном числе блюд, которых было всего одно, и, закурив трубки, мы уселись: я у окна, он у затопленной печи, потому что день был сырой и холодный. Мы молчали. Об чем было нам говорить?.. Он уж рассказал мне об себе все, что было занимательного, а мне было нечего рассказывать. Я смотрел в окно. Множество низеньких домиков, разбросанных по берегу Терека, который разбегается все шире и шире, мелькали из-за дерев, а дальше синелись зубчатою стеной горы, из-за них выглядывал Казбек в своей белой кардинальской шапке. Я с ними мысленно прощался: мне стало их жалко…

Так сидели мы долго. Солнце пряталось за холодные вершины, и беловатый туман начинал расходиться в долинах, когда на улице раздался звон дорожного колокольчика и крик извозчиков. Несколько повозок с грязными армянами въехало на двор гостиницы и за ними пустая дорожная коляска; ее легкий ход, удобное устройство и щегольской вид имели какой-то заграничный отпечаток. За нею шел человек с большими усами, в венгерке, довольно хорошо одетый для лакея; в его звании нельзя было ошибиться, видя ухарскую замашку, с которой он вытряхивал золу из трубки и покрикивал на ямщика. Он был явно балованный слуга ленивого барина – нечто вроде русского Фигаро.

– Скажи, любезный, – закричал я ему в окно, – что это – оказия пришла, что ли?

Он посмотрел довольно дерзко, поправил галстук и отвернулся; шедший подле него армянин, улыбаясь, отвечал за него, что точно пришла оказия и завтра утром отправится обратно.

– Слава богу! – сказал Максим Максимыч, подошедший к окну в это время. – Экая чудная коляска! – прибавил он, – верно какой-нибудь чиновник едет на следствие в Тифлис. Видно, не знает наших горок! Нет, шутишь, любезный: они не свой брат, растрясут хоть английскую!

– А кто бы это такое был – пойдемте-ка узнать…

Мы вышли в коридор. В конце коридора была отворена

38

дверь в боковую комнату. Лакей с извозчиком перетаскивали в нее чемоданы.

– Послушай, братец, – спросил у него штабс-капитан, – чья эта чудесная коляска?.. а?.. Прекрасная коляска!.. – Лакей, не оборачиваясь, бормотал что-то про себя, развязывая чемодан. Максим Максимыч рассердился; он тронул неучтивца по плечу и сказал: – Я тебе говорю, любезный…

– Чья коляска?.. моего господина…

– А кто твой господин?

– Печорин…

– Что ты? что ты? Печорин?.. Ах, Боже мой!.. да не служил ли он на Кавказе?.. – воскликнул Максим Максимыч, дернув меня за рукав. У него в глазах сверкала радость.

– Служил, кажется, да я у них недавно.

– Ну так!.. так!.. Григорий Александрович?.. Так ведь его зовут?.. Мы с твоим барином были приятели, – прибавил он, ударив дружески по плечу лакея, так что заставил его пошатнуться…

– Позвольте, сударь, вы мне мешаете, – сказал тот, нахмурившись.

– Экой ты, братец!.. Да знаешь ли? мы с твоим барином были друзья закадычные, жили вместе… Да где же он сам остался?..

Слуга объявил, что Печорин остался ужинать и ночевать у полковника Н…

– Да не зайдет ли он вечером сюда? – сказал Максим Максимыч, – или ты, любезный, не пойдешь ли к нему за чем-нибудь?.. Коли пойдешь, так скажи, что здесь Максим Максимыч; так и скажи… уж он знает… Я тебе дам восьмигривенный на водку…

Лакей сделал презрительную мину, слыша такое скромное обещание, однако уверил Максима Максимыча, что он исполнит его поручение.

– Ведь сейчас прибежит!.. – сказал мне Максим Максимыч с торжествующим видом, – пойду за ворота его дожидаться… Эх! жалко, что я не знаком с Н…

Максим Максимыч сел за воротами на скамейку, а я ушел в

свою комнату. Признаться, я также с некоторым нетерпением ждал появления этого Печорина; по рассказу штабс-капитана я составил себе о нем не очень выгодное понятие, однако некоторые черты в его характере показались мне замечательными. Через час инвалид принес кипящий самовар и чайник.

– Максим Максимыч, не хотите ли чаю? – закричал я ему в окно.

– Благодарствуйте; что-то не хочется.

– Эй, выпейте! Смотрите, ведь уж поздно, холодно.

– Ничего; благодарствуйте…

– Ну, как угодно!

Я стал пить чай один; минут через десять входит мой старик:

– А ведь вы правы: все лучше выпить чайку, – да я все ждал… Уж человек его давно к нему пошел, да, видно, что-нибудь задержало.

Он наскоро выхлебнул чашку, отказался от второй и ушел опять за ворота в каком-то беспокойстве: явно было, что старика огорчало небрежение Печорина, и тем более что он мне недавно говорил о своей с ним дружбе и еще час тому назад был уверен, что он прибежит, как только услышит его имя.

Уже было поздно и темно, когда я снова отворил окно и стал звать Максима Максимыча, говоря, что пора спать; он что-то пробормотал сквозь зубы; я повторил приглашение – он ничего не отвечал.

Я лег на диван, завернувшись в шинель и оставив свечу на лежанке, скоро задремал и проспал бы спокойно, если б, уж очень поздно, Максим Максимыч, взойдя в комнату, не разбудил меня. Он бросил трубку на стол, стал ходить по комнате, шевырять в печи, наконец лег, но долго кашлял, плевал, ворочался…

– Не клопы ли вас кусают? – спросил я.

– Да, клопы… – отвечал он, тяжело вздохнув.

На другой день утром я проснулся рано; но Максим Максимыч предупредил меня. Я нашел его у ворот, сидящего на скамейке. «Мне надо сходить к коменданту, – сказал он, – так пожалуйста, если Печорин придет, пришлите за мной…»

Я обещался. Он побежал, как будто члены его получили вновь юношескую силу и гибкость.

Утро было свежее, но прекрасное. Золотые облака громоздились на горах, как новый ряд воздушных гор; перед воротами расстилалась широкая площадь; за нею базар кипел народом, потому что было воскресенье; босые мальчики-осетины, неся за плечами котомки с сотовым медом, вертелись вокруг меня; я их прогнал: мне было не до них, я начинал разделять беспокойство доброго штабс-капитана.

Не прошло десяти минут, как на конце площади показался тот, которого мы ожидали. Он шел с полковником Н…, который, доведя его до гостиницы, простился с ним и поворотил в крепость. Я тотчас же послал инвалида за Максимом Максимычем.

Навстречу Печорина вышел его лакей и доложил, что сейчас станут закладывать, подал ему ящик с сигарами и, получив несколько приказаний, отправился хлопотать. Его господин, закурив сигару, зевнул раза два и сел на скамью по другую сторону ворот. Теперь я должен нарисовать его портрет.

Он был среднего роста; стройный, тонкий стан его и широкие плечи доказывали крепкое сложение, способное переносить все трудности кочевой жизни и перемены климатов, не побежденное ни развратом столичной жизни, ни бурями душевными; пыльный бархатный сюртучок его, застегнутый только на две нижние пуговицы, позволял разглядеть ослепительно чистое белье, изобличавшее привычки порядочного человека; его запачканные перчатки казались нарочно сшитыми по его маленькой аристократической руке, и когда он снял одну перчатку, то я был удивлен худобой его бледных пальцев. Его походка была небрежна и ленива, но я заметил, что он не размахивал руками – верный признак некоторой скрытности характера. Впрочем, это мои собственные замечания, основанные на моих же наблюдениях, и я вовсе не хочу вас заставить веровать в них слепо. Когда он опустился на скамью, то прямой стан его согнулся, как будто у него в спине не было ни одной косточки; положение всего его тела изобразило какую-то нервическую слабость: он сидел, как сидит бальзакова тридцатилетняя кокетка на своих пуховых креслах после утомительного бала. С первого взгляда на лицо его я бы не дал ему более двадцати трех лет, хотя после я готов был дать ему тридцать. В его улыбке было что-то детское. Его кожа имела какую-то женскую нежность; белокурые волосы, вьющиеся от природы, так живописно обрисовывали его бледный, благородный лоб, на котором только по долгом наблюдении можно было заметить следы морщин, пересекавших одна другую и, вероятно, обозначавшихся гораздо явственнее в минуты гнева или душевного беспокойства. Несмотря на светлый цвет его волос, усы его и брови были черные – признак породы в человеке, так, как черная грива и черный хвост у белой лошади. Чтоб докончить портрет, я скажу, что у него был немного вздернутый нос, зубы ослепительной белизны и карие глаза; о глазах я должен сказать еще несколько слов.

Во-первых, они не смеялись, когда он смеялся! Вам не случалось замечать такой странности у некоторых людей?.. Это признак или злого нрава, или глубокой постоянной грусти. Из-за полуопущенных ресниц они сияли каким-то фосфорическим блеском, если можно так выразиться. То не было отражение жара душевного или играющего воображения; то был блеск, подобный блеску гладкой стали, ослепительный, но холодный; взгляд его – непродолжительный, но проницательный и тяжелый, оставлял по себе неприятное впечатление нескромного вопроса и мог бы казаться дерзким, если б не был столь равнодушно спокоен. Все эти замечания пришли мне на ум, может быть, только потому, что я знал некоторые подробности его жизни, и, может быть, на другого вид его произвел бы совершенно различное впечатление; но так как вы о нем не услышите ни от кого, кроме меня, то поневоле должны довольствоваться этим изображением. Скажу в заключение, что он был вообще очень недурен и имел одну из тех оригинальных физиономий, которые особенно нравятся женщинам светским.

Лошади были уже заложены; колокольчик по временам звенел под дугою, и лакей уже два раза подходил к Печорину с докладом, что все готово, а Максим Максимыч еще не являлся. К счастию, Печорин был погружен в задумчивость, глядя на синие зубцы Кавказа, и кажется, вовсе не торопился в дорогу. Я подошел к нему.

– Если вы захотите еще немного подождать, – сказал я, – то будете иметь удовольствие увидаться с старым приятелем…

– Ах, точно! – быстро отвечал он, – мне вчера говорили: но где же он?

Я обернулся к площади и увидел Максима Максимыча, бегущего что было мочи… Через несколько минут он был уже возле нас; он едва мог дышать; пот градом катился с лица его; мокрые клочки седых волос, вырвавшись из-под шапки, приклеились ко лбу его; колени его дрожали… он хотел кинуться на шею Печорину, но тот довольно холодно, хотя с приветливой улыбкой, протянул ему руку. Штабс-капитан на минуту остолбенел, но потом жадно схватил его руку обеими руками; он еще не мог говорить.

– Как я рад, дорогой Максим Максимыч. Ну, как вы поживаете? – сказал Печорин.

– А… ты?.. а вы? – пробормотал со слезами на глазах старик, – сколько лет… сколько дней… да куда это?..

– Еду в Персию – и дальше…

– Неужто сейчас?.. Да подождите, дражайший!.. Неужто сейчас расстанемся?.. Столько времени не видались…

– Мне пора, Максим Максимыч, – был ответ.

– Боже мой, боже мой! да куда это так спешите?.. Мне столько бы хотелось вам сказать… столько расспросить… Ну что? в отставке?.. как?.. что поделывали?..

– Скучал! – отвечал Печорин, улыбаясь.

– А помните наше житье-бытье в крепости? Славная страна для охоты!.. Ведь вы были страстный охотник стрелять… А Бэла?..

Печорин чуть-чуть побледнел и отвернулся.

– Да, помню! – сказал он, почти тотчас принужденно зевнув…

Максим Максимыч стал его упрашивать остаться с ним еще часа два.

– Мы славно пообедаем, – говорил он, – у меня есть два фазана; а кахетинское здесь прекрасное… разумеется, не то что в Грузии, однако лучшего сорта… Мы поговорим… вы мне расскажете про свое житье в Петербурге… А?

– Право, мне нечего рассказывать, дорогой Максим Максимыч… Однако прощайте, мне пора… я спешу… Благодарю, что не забыли… – прибавил он, взяв его за руку.

Старик нахмурил брови, он был печален и сердит, хотя старался скрыть это.

– Забыть! – проворчал он, – я-то не забыл ничего… Ну, да Бог с вами!.. Не так я думал с вами встретиться…

– Ну полно, полно! – сказал Печорин, обняв его дружески, – неужели я не тот же?.. Что делать?.. всякому своя дорога… Удастся ли еще встретиться, Бог знает!.. – Говоря это, он уже сидел в коляске, и ямщик уже начал подбирать вожжи.

– Постой, постой! – закричал вдруг Максим Максимыч, ухватясь за дверцы коляски, – совсем было позабыл… У меня остались ваши бумаги, Григорий Александрович… я их таскаю с собой… думал найти вас в Грузии, а вот где Бог дал свидеться… Что мне с ними делать?..

– Что хотите! – отвечал Печорин. – Прощайте…

– Так вы в Персию?.. а когда вернетесь?.. – кричал вслед Максим Максимыч…

Коляска была уж далеко; но Печорин сделал знак рукой, который можно было перевести следующим образом: вряд ли! да и зачем?..

Давно уж не слышно было ни звона колокольчика, ни стука колес по кремнистой дороге, – а бедный старик еще стоял на том же месте в глубокой задумчивости.

– Да, – сказал он наконец, стараясь принять равнодушный вид, хотя слеза досады по временам сверкала на его ресницах, – конечно, мы были приятели, – ну, да что приятели в нынешнем веке!.. Что ему во мне? Я не богат, не чиновен, да и по летам совсем ему не пара… Вишь, каким он франтом сделался, как побывал опять в Петербурге… Что за коляска!.. сколько поклажи!.. и лакей такой гордый!.. – Эти слова были произнесены с иронической улыбкой. – Скажите, – продолжал он, обратясь ко мне, – ну что вы об этом думаете?.. ну, какой бес несет его теперь в Персию?.. Смешно, ей-богу, смешно!.. Да я всегда знал, что он ветреный человек, на которого нельзя надеяться… А, право, жаль, что он дурно кончит… да и нельзя иначе!.. Уж я всегда говорил, что нет проку в том, кто старых друзей забывает!..

Тут он отвернулся, чтоб скрыть свое волнение, пошел ходить по двору около своей повозки, показывая, будто осматривает колеса, тогда как глаза его поминутно наполнялись слезами.

– Максим Максимыч, – сказал я, подошедши к нему, – а что это за бумаги вам оставил Печорин?

– А Бог его знает! какие-то записки…

– Что вы из них сделаете?

– Что? а велю наделать патронов.

– Отдайте их лучше мне.

Он посмотрел на меня с удивлением, проворчал что-то сквозь зубы и начал рыться в чемодане; вот он вынул одну тетрадку и бросил ее с презрением на землю; потом другая, третья и десятая имели ту же участь; в его досаде было что-то детское, мне стало смешно и жалко…

– Вот они все, – сказал он, – поздравляю вас с находкою…

– И я могу делать с ними все, что хочу?

– Хоть в газетах печатайте. Какое мне дело?.. Что, я разве друг его какой?.. или родственник? Правда, мы жили долго под одной кровлей… А мало ли с кем я не жил?..

Я схватил бумаги и поскорее унес их, боясь, чтоб штабс-капитан не раскаялся. Скоро пришли нам объявить, что через час тронется оказия; я велел закладывать. Штабс-капитан вошел в комнату в то время, когда я уже надевал шапку; он, казалось, не готовился к отъезду; у него был какой-то принужденный, холодный вид.

– А вы, Максим Максимыч, разве не едете?

– Нет-с.

– А что так?

– Да я еще коменданта не видал, а мне надо сдать ему кой-какие казенные вещи…

– Да ведь вы же были у него?

– Был, конечно, – сказал он, заминаясь, – да его дома не было… а я не дождался.

Я понял его: бедный старик, в первый раз от роду, может быть, бросил дела службы для собственной надобности, говоря языком бумажным, – и как же он был награжден!

– Очень жаль, – сказал я ему, – очень жаль, Максим Максимыч, что нам до срока надо расстаться.

– Где нам, необразованным старикам, за вами гоняться!.. Вы молодежь светская, гордая: еще пока здесь, под черкесскими пулями, так вы туда-сюда… а после встретишься, так стыдитесь и руку протянуть нашему брату.

– Я не заслужил этих упреков, Максим Максимыч.

– Да я, знаете, так, к слову говорю: а впрочем, желаю вам всякого счастия и веселой дороги.

Мы простились довольно сухо. Добрый Максим Максимыч сделался упрямым, сварливым штабс-капитаном! И отчего? Оттого, что Печорин в рассеянности или от другой причины протянул ему руку, когда тот хотел кинуться ему на шею! Грустно видеть, когда юноша теряет лучшие свои надежды и мечты, когда пред ним отдергивается розовый флер, сквозь который он смотрел на дела и чувства человеческие, хотя есть надежда, что он заменит старые заблуждения новыми, не менее проходящими, но зато не менее сладкими… Но чем их заменить в лета Максима Максимыча? Поневоле сердце очерствеет и душа закроется…

Я уехал один.

ЖУРНАЛ ПЕЧОРИНА

ПРЕДИСЛОВИЕ

Недавно я узнал, что Печорин, возвращаясь из Персии, умер. Это известие меня очень обрадовало: оно давало мне право печатать эти записки, и я воспользовался случаем поставить имя над чужим произведением. Дай Бог, чтоб читатели меня не наказали за такой невинный подлог!

Теперь я должен несколько объяснить причины, побудившие меня предать публике сердечные тайны человека, которого я никогда не знал. Добро бы я был еще его другом: коварная нескромность истинного друга понятна каждому; но я видел его только раз в моей жизни на большой дороге, следовательно, не могу питать к нему той неизъяснимой ненависти, которая, таясь под личиною дружбы, ожидает только смерти или несчастия любимого предмета, чтоб разразиться над его головою градом упреков, советов, насмешек и сожалений.

Перечитывая эти записки, я убедился в искренности того, кто так беспощадно выставлял наружу собственные слабости и пороки. История души человеческой, хотя бы самой мелкой души, едва ли не любопытнее и не полезнее истории целого народа, особенно когда она – следствие наблюдений ума зрелого над самим собою и когда она писана без тщеславного желания возбудить участие или удивление. Исповедь Руссо имеет уже недостаток, что он читал ее своим друзьям.

Итак, одно желание пользы заставило меня напечатать отрывки из журнала, доставшегося мне случайно. Хотя я переменил все собственные имена, но те, о которых в нем говорится, вероятно себя узнают, и, может быть, они найдут оправдания поступкам, в которых до сей поры обвиняли человека, уже не имеющего отныне ничего общего с здешним миром: мы почти всегда извиняем то, что понимаем.

Я поместил в этой книге только то, что относилось к пребыванию Печорина на Кавказе; в моих руках осталась еще толстая тетрадь, где он рассказывает всю жизнь свою. Когда-нибудь и она явится на суд света; но теперь я не смею взять на себя эту ответственность по многим важным причинам.

Может быть, некоторые читатели захотят узнать мое мнение о характере Печорина? Мой ответ – заглавие этой книги. «Да это злая ирония!» – скажут они. Не знаю.

I

ТАМАНЬ

Тамань – самый скверный городишко из всех приморских городов России. Я там чуть-чуть не умер с голода, да еще вдобавок меня хотели утопить. Я приехал на перекладной тележке поздно ночью. Ямщик остановил усталую тройку у ворот единственного каменного дома, что при въезде. Часовой, черноморский казак, услышав звон колокольчика, закричал спросонья диким голосом: «Кто идет?» Вышел урядник и десятник. Я им объяснил, что я офицер, еду в действующий отряд по казенной надобности, и стал требовать казенную квартиру. Десятник нас повел по городу. К которой избе ни подъедем – занята. Было холодно, я три ночи не спал, измучился и начинал сердиться. «Веди меня куда-нибудь, разбойник! хоть к черту, только к месту!» – закричал я. «Есть еще одна фатера, – отвечал десятник, почесывая затылок, – только вашему благородию не понравится; там нечисто!» Не поняв точного значения последнего слова, я велел ему идти вперед и после долгого странствования по грязным переулкам, где по сторонам я видел одни только ветхие заборы, мы подъехали к небольшой хате на самом берегу моря.

Полный месяц светил на камышовую крышу и белые стены моего нового жилища; на дворе, обведенном оградой из булыжника, стояла избочась другая лачужка, менее и древнее первой. Берег обрывом спускался к морю почти у самых стен ее, и внизу с беспрерывным ропотом плескались темно-синие волны. Луна тихо смотрела на беспокойную, но покорную ей стихию, и я мог различить при свете ее, далеко от берега, два корабля, которых черные снасти, подобно паутине, неподвижно рисовались на бледной черте небосклона. «Суда в пристани есть, – подумал я, – завтра отправлюсь в Геленджик».

При мне исправлял должность денщика линейский казак. Велев ему выложить чемодан и отпустить извозчика, я стал звать хозяина – молчат; стучу – молчат… что это? Наконец из сеней выполз мальчик лет четырнадцати.

«Где хозяин?» – «Нема». – «Как? совсем нету?» – «Совсим». – «А хозяйка?» – «Побигла в слободку». – «Кто же мне отопрет дверь?» – сказал я, ударив в нее ногою. Дверь сама отворилась; из хаты повеяло сыростью. Я засветил серную спичку и поднес ее к носу мальчика: она озарила два белые глаза. Он был слепой, совершенно слепой от природы. Он стоял передо мною неподвижно, и я начал рассматривать черты его лица.

Признаюсь, я имею сильное предубеждение против всех слепых, кривых, глухих, немых, безногих, безруких, горбатых и проч. Я замечал, что всегда есть какое-то странное отношение между наружностью человека и его душою: как будто с потерею члена душа теряет какое-нибудь чувство.

Итак, я начал рассматривать лицо слепого; но что прикажете прочитать на лице, у которого нет глаз? Долго я глядел на него с небольшим сожалением, как вдруг едва приметная улыбка пробежала по тонким губам его, и, не знаю отчего, она произвела на меня самое неприятное впечатление. В голове моей родилось подозрение, что этот слепой не так слеп, как оно кажется; напрасно я старался уверить себя, что бельмы подделать невозможно, да и с какой целью? Но что делать? я часто склонен к предубеждениям…

«Ты хозяйский сын?» – спросил я его наконец. – «Ни». – «Кто же ты?» – «Сирота, убогой». – «А у хозяйки есть дети?» – «Ни; была дочь, да утикла за море с татарином». – «С каким татарином?» – «А бис его знает! крымский татарин, лодочник из Керчи».

Я взошел в хату: две лавки и стол, да огромный сундук возле печи составляли всю его мебель. На стене ни одного образа – дурной знак! В разбитое стекло врывался морской ветер. Я вытащил из чемодана восковой огарок и, засветив его, стал раскладывать вещи, поставил в угол шашку и ружье, пистолеты положил на стол, разостлал бурку на лавке, казак свою на другой; через десять минут он захрапел, но я не мог заснуть: передо мной во мраке все вертелся мальчик с белыми глазами.

Так прошло около часа. Месяц светил в окно, и луч его играл по земляному полу хаты. Вдруг на яркой полосе, пересекающей пол, промелькнула тень. Я привстал и взглянул в окно: кто-то вторично пробежал мимо его и скрылся Бог знает куда. Я не мог полагать, чтоб это существо сбежало по отвесу берега; однако иначе ему некуда было деваться. Я встал, накинул бешмет, опоясал кинжал и тихо-тихо вышел из хаты; навстречу мне слепой мальчик. Я притаился у забора, и он верной, но осторожной поступью прошел мимо меня. Под мышкой он нес какой-то узел и, повернув к пристани, стал спускаться по узкой и крутой тропинке. «В тот день немые возопиют и слепые прозрят», – подумал я, следуя за ним в таком расстоянии, чтоб не терять его из вида.

Между тем луна начала одеваться тучами и на море поднялся туман; едва сквозь него светился фонарь на корме ближнего корабля; у берега сверкала пена валунов, ежеминутно грозящих его потопить. Я, с трудом спускаясь, пробирался по крутизне, и вот вижу: слепой приостановился, потом повернул низом направо; он шел так близко от воды, что казалось, сейчас волна его схватит и унесет, но, видно, это была не первая его прогулка, судя по уверенности, с которой он ступал с камня на камень и избегал рытвин. Наконец он остановился, будто прислушиваясь к чему-то, присел на землю и положил возле себя узел. Я наблюдал за его движениями, спрятавшись за выдавшеюся скалою берега. Спустя несколько минут с противоположной стороны показалась белая фигура; она подошла к слепому и села возле него. Ветер по временам приносил мне их разговор.

– Что, слепой? – сказал женский голос, – буря сильна. Янко не будет.

– Янко не боится бури, – отвечал тот.

– Туман густеет, – возразил опять женский голос с выражением печали.

– В тумане лучше пробраться мимо сторожевых судов, – был ответ.

– А если он утонет?

– Ну что ж? в воскресенье ты пойдешь в церковь без новой ленты.

Последовало молчание; меня, однако, поразило одно: слепой говорил со мною малороссийским наречием, а теперь изъяснялся чисто по-русски.

– Видишь, я прав, – сказал опять слепой, ударив в ладоши, – Янко не боится ни моря, ни ветров, ни тумана, ни береговых сторожей; это не вода плещет, меня не обманешь, – это его длинные весла.

Женщина вскочила и стала всматриваться в даль с видом беспокойства.

– Ты бредишь, слепой, – сказала она, – я ничего не вижу.

Признаюсь, сколько я ни старался различить вдалеке что-нибудь наподобие лодки, но безуспешно. Так прошло минут десять; и вот показалась между горами волн черная точка; она то увеличивалась, то уменьшалась. Медленно поднимаясь на хребты волн, быстро спускаясь с них, приближалась к берегу лодка. Отважен был пловец, решившийся в такую ночь пуститься через пролив на расстояние двадцати верст, и важная должна быть причина, его к тому побудившая! Думая так, я с невольном биением сердца глядел на бедную лодку; но она, как утка, ныряла и потом, быстро взмахнув веслами, будто крыльями, выскакивала из пропасти среди брызгов пены; и вот, я думал, она ударится с размаха об берег и разлетится вдребезги; но она ловко повернулась боком и вскочила в маленькую бухту невредима. Из нее вышел человек среднего роста, в татарской бараньей шапке; он махнул рукою, и все трое принялись вытаскивать что-то из лодки; груз был так велик, что я до сих пор не понимаю, как она не потонула. Взяв на плечи каждый по узлу, они пустились вдоль по берегу, и скоро я потерял их из вида. Надо было вернуться домой; но, признаюсь, все эти странности меня тревожили, и я насилу дождался утра.

Казак мой был очень удивлен, когда, проснувшись, увидел меня совсем одетого; я ему, однако ж, не сказал причины. Полюбовавшись несколько времени из окна на голубое небо, усеянное разорванными облачками, на дальний берег Крыма, который тянется лиловой полосой и кончается утесом, на вершине коего белеется маячная башня, я отправился в крепость Фанагорию, чтоб узнать от коменданта о часе моего отъезда в Геленджик.

Но, увы; комендант ничего не мог сказать мне решительного. Суда, стоящие в пристани, были все – или сторожевые, или купеческие, которые еще даже не начинали нагружаться. «Может быть, дня через три, четыре придет почтовое судно, – сказал комендант, – и тогда мы увидим». Я вернулся домой угрюм и сердит. Меня в дверях встретил казак мой с испуганным лицом.

– Плохо, ваше благородие! – сказал он мне.

– Да, брат, Бог знает когда мы отсюда уедем!

Тут он еще больше встревожился и, наклонясь ко мне, сказал шепотом:

– Здесь нечисто! Я встретил сегодня черноморского урядника, он мне знаком – был прошлого года в отряде, как я ему сказал, где мы остановились, а он мне: «Здесь, брат, нечисто, люди недобрые!..» Да и в самом деле, что это за слепой! ходит везде один, и на базар, за хлебом, и за водой… уж видно, здесь к этому привыкли.

– Да что ж? по крайней мере показалась ли хозяйка?

– Сегодня без вас пришла старуха и с ней дочь.

– Какая дочь? У нее нет дочери.

– А Бог ее знает, кто она, коли не дочь; да вон старуха сидит теперь в своей хате.

Я взошел в лачужку. Печь была жарко натоплена, и в ней варился обед, довольно роскошный для бедняков. Старуха на все мои вопросы отвечала, что она глухая, не слышит. Что было с ней делать? Я обратился к слепому, который сидел перед печью и подкладывал в огонь хворост. «Ну-ка, слепой чертенок, – сказал я, взяв его за ухо, – говори, куда ты ночью таскался с узлом, а?» Вдруг мой слепой заплакал, закричал, заохал: «Куды я ходив?.. никуды не ходив… с узлом? яким узлом?» Старуха на этот раз услышала и стала ворчать: «Вот выдумывают, да еще на убогого! за что вы его? что он вам сделал?» Мне это надоело, и я вышел, твердо решившись достать ключ этой загадки.

53

Я завернулся в бурку и сел у забора на камень, поглядывая вдаль; передо мной тянулось ночною бурею взволнованное море, и однообразный шум его, подобный ропоту засыпающего города, напомнил мне старые годы, перенес мои мысли на север, в нашу холодную столицу. Волнуемый воспоминаниями, я забылся… Так прошло около часа, может быть и более… Вдруг что-то похожее на песню поразило мой слух. Точно, это была песня, и женский, свежий голосок, – но откуда?.. Прислушиваюсь – напев старинный, то протяжный и печальный, то быстрый и живой. Оглядываюсь – никого нет кругом; прислушиваюсь снова – звуки как будто падают с неба. Я поднял глаза: на крыше хаты моей стояла девушка в полосатом платье с распущенными косами, настоящая русалка. Защитив глаза ладонью от лучей солнца, она пристально всматривалась в даль, то смеялась и рассуждала сама с собой, то запевала снова песню.

Я запомнил эту песню от слова до слова:

Как по вольной волюшке —
По зелену морю,
Ходят все кораблики
Белопарусники.
Промеж тех корабликов
Моя лодочка,
Лодка неснащенная,
Двухвесельная.
Буря ль разыграется —
Старые кораблики
Приподымут крылышки,
По морю размечутся.
Стану морю кланяться
Я низехонько:
«Уж не тронь ты, злое море,
Мою лодочку:
Везет моя лодочка
Вещи драгоценные.

54

Правит ею в темну ночь
Буйная головушка».

Мне невольно пришло на мысль, что ночью я слышал тот же голос; я на минуту задумался, и, когда снова посмотрел на крышу, девушки там уж не было. Вдруг она пробежала мимо меня, напевая что-то другое, и, пощелкивая пальцами, вбежала к старухе, и тут начался между ними спор. Старуха сердилась, она громко хохотала. И вот вижу, бежит опять вприпрыжку моя ундина: поравнявшись со мной, она остановилась и пристально посмотрела мне в глаза, как будто удивленная моим присутствием; потом небрежно обернулась и тихо пошла к пристани. Этим не кончилось: целый день она вертелась около моей квартиры; пенье и прыганье не прекращались ни на минуту. Странное существо! На лице ее не было никаких признаков безумия; напротив, глаза ее с бойкою проницательностью останавливались на мне, и эти глаза, казалось, были одарены какою-то магнетическою властью, и всякий раз они как будто бы ждали вопроса. Но только я начинал говорить, она убегала, коварно улыбаясь.

Решительно, я никогда подобной женщины не видывал. Она была далеко не красавица, но я имею свои предубеждения также и насчет красоты. В ней было много породы… порода в женщинах, как и в лошадях, великое дело; это открытие принадлежит Юной Франции. Она, то есть порода, а не Юная Франция, большею частью изобличается в поступи, в руках и ногах; особенно нос много значит. Правильный нос в России реже маленькой ножки. Моей певунье казалось не более восемнадцати лет. Необыкновенная гибкость ее стана, особенное, ей только свойственное наклонение головы, длинные русые волосы, какой-то золотистый отлив ее слегка загорелой кожи на шее и плечах и особенно правильный нос – все это было для меня обворожительно. Хотя в ее косвенных взглядах я читал что-то дикое и подозрительное, хотя в ее улыбке было что-то неопределенное, но такова сила предубеждений: правильный нос свел меня с ума; я вообразил, что нашел Гетеву Миньону, это причудливое создание его немецкого воображения, – и точно, между ими было много сходства: те же быстрые переходы от величайшего беспокойства к полной неподвижности, те же загадочные речи, те же прыжки, странные песни.

Под вечер, остановив ее в дверях, я завел с нею следующий разговор.

– «Скажи-ка мне, красавица, – спросил я, – что ты делала сегодня на кровле?» – «А смотрела, откуда ветер дует». – «Зачем тебе?» – «Откуда ветер, оттуда и счастье». – «Что же? разве ты песнею зазывала счастье?» – «Где поется, там и счастливится». – «А как неравно напоешь себе горе?» – «Ну что ж? где не будет лучше, там будет хуже, а от худа до добра опять недалеко». – «Кто же тебя выучил эту песню?» – «Никто не выучил; вздумается – запою; кому услыхать, тот услышит; а кому не должно слышать, тот не поймет». – «А как тебя зовут, моя певунья?» – «Кто крестил, тот знает». – «А кто крестил?» – «Почему я знаю?» – «Экая скрытная! а вот я кое-что про тебя узнал. (Она не изменилась в лице, не пошевельнула губами, как будто не об ней дело.) Я узнал, что ты вчера ночью ходила на берег». И тут я очень важно пересказал ей все, что видел, думая смутить ее – нимало! Она захохотала во все горло. «Много видели, да мало знаете, так держите под замочком». – «А если б я, например, вздумал донести коменданту?» – и тут я сделал очень серьезную, даже строгую мину. Она вдруг прыгнула, запела и скрылась, как птичка, выпугнутая из кустарника. Последние мои слова были вовсе не у места, я тогда не подозревал их важности, но впоследствии имел случай в них раскаяться.

Только что смеркалось, я велел казаку нагреть чайник по-походному, засветил свечу и сел у стола, покуривая из дорожной трубки. Уж я заканчивал второй стакан чая, как вдруг дверь скрыпнула, легкий шорох платья и шагов послышался за мной; я вздрогнул и обернулся – то была она, моя ундина! Она села против меня тихо и безмолвно и устремила на меня глаза свои, и не знаю почему, но этот взор показался мне чудно-нежен; он мне напомнил один из тех взглядов, которые в старые годы так самовластно играли моею жизнью. Она, казалось, ждала вопроса, но я молчал, полный неизъяснимого смущения. Лицо ее было покрыто тусклой бледностью, изобличавшей волнение душевное; рука ее без цели бродила по столу, и я заметил на ней легкий трепет; грудь ее то высоко поднималась, то, казалось, она удерживала дыхание. Эта комедия начинала мне надоедать, и я готов был прервать молчание самым прозаическим образом, то есть предложить ей стакан чая, как вдруг она вскочила, обвила руками мою шею, и влажный, огненный поцелуй прозвучал на губах моих. В глазах у меня потемнело, голова закружилась, я сжал ее в моих объятиях со всею силою юношеской страсти, но она, как змея, скользнула между моими руками, шепнув мне на ухо: «Нынче ночью, как все уснут, выходи на берег», – и стрелою выскочила из комнаты. В сенях она опрокинула чайник и свечу, стоявшую на полу. «Экой бес-девка!» – закричал казак, расположившийся на соломе и мечтавший согреться остатками чая. Только тут я опомнился.

Часа через два, когда все на пристани умолкло, я разбудил своего казака. «Если я выстрелю из пистолета, – сказал я ему, – то беги на берег». Он выпучил глаза и машинально отвечал: «Слушаю, ваше благородие». Я заткнул за пояс пистолет и вышел. Она дожидалась меня на краю спуска; ее одежда была более нежели легкая, небольшой платок опоясывал ее гибкий стан.

«Идите за мной!» – сказала она, взяв меня за руку, и мы стали спускаться. Не понимаю, как я не сломил себе шеи; внизу мы повернули направо и пошли по той же дороге, где накануне я следовал за слепым. Месяц еще не вставал, и только две звездочки, как два спасительные маяка, сверкали на темно-синем своде. Тяжелые волны мерно и ровно катились одна за другой, едва приподымая одинокую лодку, причаленную к берегу. «Взойдем в лодку», – сказала моя спутница; я колебался, я не охотник до сентиментальных прогулок по морю; но отступать было не время. Она прыгнула в лодку, я за ней, и не успел еще опомниться, как заметил, что мы плывем. «Что это значит?» – сказал я сердито. «Это значит, – отвечала она, сажая меня на скамью и обвив мой стан руками, – это значит, что я тебя люблю…» И щека ее прижалась к моей, и я почувствовал на лице моем ее пламенное дыхание. Вдруг что-то шумно упало в воду: я хвать за пояс — пистолета нет. О, тут ужасное подозрение закралось мне в душу, кровь хлынула мне в голову!.. Оглядываюсь — мы от берега около пятидесяти сажен, а я не умею плавать! Хочу ее оттолкнуть от себя — она как кошка вцепилась в мою одежду, и вдруг сильный толчок едва не сбросил меня в море. Лодка закачалась, но я справился, и между нами началась отчаянная борьба; бешенство придавало мне силы, но я скоро заметил, что уступаю моему противнику в ловкости… «Чего ты хочешь?» — закричал я, крепко сжав ее маленькие руки; пальцы ее хрустели, но она не вскрикнула: ее змеиная натура выдержала эту пытку.

«Ты видел, — отвечала она, — ты донесешь!» — и сверхъестественным усилием повалила меня на борт; мы оба по пояс свесились из лодки, ее волосы касались воды: минута была решительная. Я уперся коленкою в дно, схватил ее одной рукой за косу, другой за горло, она выпустила мою одежду, и я мгновенно сбросил ее в волны.

Было уже довольно темно; голова ее мелькнула раза два среди морской пены, и больше я ничего не видал…

На дне лодки я нашел половину старого весла и кое-как, после долгих усилий, причалил к пристани. Пробираясь берегом к своей хате, я невольно всматривался в ту сторону, где накануне слепой дожидался ночного пловца; луна уже катилась по небу, и мне показалось, что кто-то в белом сидел на берегу; я подкрался, подстрекаемый любопытством, и прилег в траве над обрывом берега; высунув немного голову, я мог хорошо видеть с утеса все, что внизу делалось, и не очень удивился, а почти обрадовался, узнав мою русалку. Она выжимала морскую пену из длинных волос своих; мокрая рубашка обрисовывала гибкий стан ее и высокую грудь. Скоро показалась вдали лодка, быстро приблизилась она; из нее, как накануне, вышел человек в татарской шапке, но стрижен он был по-казацки, и за ременным поясом его торчал большой нож. «Янко, — сказала она, — все пропало!» Потом разговор их продолжался так тихо, что я ничего не мог расслышать. «А где

58

же слепой?» – сказал наконец Янко, возвыся голос. «Я его послала», – был ответ. Через несколько минут явился и слепой, таща на спине мешок, который положили в лодку.

«Послушай, слепой! – сказал Янко, – ты береги то место… знаешь? там богатые товары… скажи (имени я не расслышал), что я ему больше не слуга; дела пошли худо, он меня больше не увидит; теперь опасно; поеду искать работы в другом месте, а ему уж такого удальца не найти. Да скажи, кабы он получше платил за труды, так и Янко бы его не покинул; а мне везде дорога, где только ветер дует и море шумит! – После некоторого молчания Янко продолжал: – Она поедет со мною; ей нельзя здесь оставаться; а старухе скажи, что, дескать, пора умирать, зажилась, надо знать и честь. Нас же больше не увидит».

«А я?» – сказал слепой жалобным голосом.

«На что мне тебя?» – был ответ.

Между тем моя ундина вскочила в лодку и махнула товарищу рукою; он что-то положил слепому в руку, примолвив: «На, купи себе пряников». – «Только?» – сказал слепой. – «Ну, вот тебе еще». И упавшая монета зазвенела, ударясь о камень. Слепой ее не поднял. Янко сел в лодку, ветер дул от берега, они подняли маленький парус и быстро понеслись. Долго при свете месяца мелькал парус между темных волн; слепой мальчик точно плакал, долго, долго… Мне стало грустно. И зачем было судьбе кинуть меня в мирный круг честных контрабандистов? Как камень, брошенный в гладкий источник, я встревожил их спокойствие и, как камень, едва сам не пошел ко дну!

Я возвратился домой. В сенях трещала догоревшая свеча в деревянной тарелке, и казак мой, вопреки приказанию, спал крепким сном, держа ружье обеими руками. Я его оставил в покое, взял свечу и пошел в хату. Увы! моя шкатулка, шашка с серебряной оправой, дагестанский кинжал – подарок приятеля – все исчезло. Тут-то я догадался, какие вещи тащил проклятый слепой. Разбудив казака довольно невежливым толчком, я побранил его, посердился, а делать было нечего! И не смешно ли было бы жаловаться начальству, что слепой мальчик меня обокрал, а восьмнадцатилетняя девушка чуть-чуть не утопила?

Слава Богу, поутру явилась возможность ехать, и я оставил Тамань. Что сталось с старухой и с бедным слепым — не знаю. Да и какое дело мне до радостей и бедствий человеческих, мне, странствующему офицеру, да еще с подорожной по казенной надобности!..

Конец первой части

ЧАСТЬ ВТОРАЯ

(Окончание журнала Печорина)

II

КНЯЖНА МЕРИ

11-го мая

Вчера я приехал в Пятигорск, нанял квартиру на краю города, на самом высоком месте, у подошвы Машука: во время грозы облака будут спускаться до моей кровли. Нынче в пять часов утра, когда я открыл окно, моя комната наполнилась запахом цветов, растущих в скромном палисаднике. Ветки цветущих черешен смотрят мне в окна, и ветер иногда усыпает мой письменный стол их белыми лепестками. Вид с трех сторон у меня чудесный. На запад пятиглавый Бешту синеет, как «последняя туча рассеянной бури»; на север поднимается Машук, как мохнатая персидская шапка, и закрывает всю эту часть небосклона; на восток смотреть веселее: внизу передо мною пестреет чистенький, новенький городок, шумят целебные ключи, шумит разноязычная толпа, – а там, дальше, амфитеатром громоздятся горы все синее и туманнее, а на краю горизонта тянется серебряная цепь снеговых вершин, начинаясь Казбеком и оканчиваясь двуглавым Эльбрусом… Весело жить в такой земле! Какое-то отрадное чувство разлито во всех моих жилах. Воздух чист и свеж, как поцелуй ребенка; солнце ярко, небо сине – чего бы, кажется, больше? – зачем тут страсти, желания, сожаления?.. Однако пора. Пойду к Елизаветинскому источнику: там, говорят, утром собирается все водяное общество.

* * *

Спустясь в середину города, я пошел бульваром, где встретил несколько печальных групп, медленно подымающихся в гору; то были большею частию семейства степных помещиков; об этом можно было тотчас догадаться по истертым, старомодным сюртукам мужей и по изысканным нарядам жен и дочерей; видно, у них вся водяная молодежь была уже на перечете, потому что они на меня посмотрели с нежным любопытством – петербургский покрой сюртука ввел их в заблуждение, но, скоро узнав армейские эполеты, они с негодованием отвернулись.

Жены местных властей, так сказать хозяйки вод, были благосклоннее; у них есть лорнеты, они менее обращают внимания на мундир, они привыкли на Кавказе встречать под нумерованной пуговицей пылкое сердце и под белой фуражкой образованный ум. Эти дамы очень милы, и долго милы! Всякий год их обожатели сменяются новыми, и в этом-то, может быть, секрет их неутомимой любезности. Подымаясь по узкой тропинке к Елизаветинскому источнику, я обогнал толпу мужчин, штатских и военных, которые, как я узнал после, составляют особенный класс людей между чающими движения воды. Они пьют, однако не воду, гуляют мало, волочатся только мимоходом; они играют и жалуются на скуку. Они франты: опуская свой оплетенный стакан в колодец кислосерной воды, они принимают академические позы; штатские носят светло-голубые галстуки, военные выпускают из-за воротника брыжи. Они исповедывают глубокое презрение к провинциальным домам и вздыхают о столичных аристократических гостиных, куда их не пускают.

Наконец вот и колодец… На площадке близ него построен домик с красной кровлею над ванной, а подальше галерея, где гуляют во время дождя. Несколько раненых офицеров сидели на лавке, подобрав костыли, – бледные, грустные. Несколько дам скорыми шагами ходили взад и вперед по площадке, ожидая действия вод. Между ними были два-три хорошеньких личика. Под виноградными аллеями, покрывающими скат Машука, мелькали порою пестрые шляпки любительниц уединения вдвоем, потому что всегда возле такой шляпки я замечал или военную фуражку, или безобразную круглую шляпу. На крутой скале, где построен павильон, называемый Эоловой Арфой, торчали любители видов и наводили телескоп на Эльбрус; между ними было два гувернера с своими воспитанниками, приехавшими лечиться от золотухи.

Я остановился, запыхавшись, на краю горы и, прислонясь к углу домика, стал рассматривать окрестность, как вдруг слышу за собой знакомый голос:

– Печорин! давно ли здесь?

Оборачиваюсь: Грушницкий! Мы обнялись. Я познакомился с ним в действующем отряде. Он был ранен пулей в ногу и поехал на воды с неделю прежде меня. Грушницкий – юнкер. Он только год в службе, носит, по особенному роду франтовства, толстую солдатскую шинель. У него георгиевский солдатский крестик. Он хорошо сложен, смугл и черноволос; ему на вид можно дать двадцать пять лет, хотя ему едва ли двадцать один год. Он закидывает голову назад, когда говорит, и поминутно крутит усы левой рукой, ибо правою опирается на костыль. Говорит он скоро и вычурно: он из тех людей, которые на все случаи жизни имеют готовые пышные фразы, которых просто прекрасное не трогает и которые важно драпируются в необыкновенные чувства, возвышенные страсти и исключительные страдания. Производить эффект – их наслаждение; они нравятся романтическим провинциалкам до безумия. Под старость они делаются либо мирными помещиками, либо пьяницами – иногда тем и другим. В их душе часто много добрых свойств, но ни на грош поэзии. Грушницкого страсть была декламировать: он закидывал вас словами, как скоро разговор выходил из круга обыкновенных понятий; спорить с ним я никогда не мог. Он не отвечает на ваши возражения, он вас не слушает. Только что вы остановитесь, он начинает длинную тираду, по-видимому имеющую какую-то связь с тем, что вы сказали, но которая в самом деле есть только продолжение его собственной речи.

Он довольно остер: эпиграммы его часто забавны, но никогда не бывают метки и злы: он никого не убьет одним словом; он не знает людей и их слабых струн, потому что занимался целую жизнь одним собою. Его цель — сделаться героем романа. Он так часто старался уверить других в том, что он существо, не созданное для мира, обреченное каким-то тайным страданиям, что он сам почти в этом уверился. Оттого-то он так гордо носит свою толстую солдатскую шинель. Я его понял, и он за это меня не любит, хотя мы наружно в самых дружеских отношениях. Грушницкий слывет отличным храбрецом; я его видел в деле; он махает шашкой, кричит и бросается вперед, зажмуря глаза. Это что-то не русская храбрость!..

Я его также не люблю: я чувствую, что мы когда-нибудь с ним столкнемся на узкой дороге, и одному из нас несдобровать.

Приезд его на Кавказ — также следствие его романтического фанатизма: я уверен, что накануне отъезда из отцовской деревни он говорил с мрачным видом какой-нибудь хорошенькой соседке, что он едет не так, просто, служить, но что ищет смерти, потому что... тут, он, верно, закрыл глаза рукою и продолжал так: «Нет, вы (или ты) этого не должны знать! Ваша чистая душа содрогнется! Да и к чему? Что я для вас! Поймете ли вы меня?» — и так далее.

Он мне сам говорил, что причина, побудившая его вступить в К. полк, останется вечною тайной между им и небесами.

Впрочем, в те минуты, когда сбрасывает трагическую мантию, Грушницкий довольно мил и забавен. Мне любопытно видеть его с женщинами: тут-то он, я думаю, старается!

Мы встретились старыми приятелями. Я начал его расспрашивать об образе жизни на водах и о примечательных лицах.

— Мы ведем жизнь довольно прозаическую, — сказал он, вздохнув, — пьющие утром воду — вялы, как все больные, а пьющие вино повечеру — несносны, как все здоровые. Женские общества есть; только от них небольшое утешение: они играют в вист, одеваются дурно и ужасно говорят по-французски. Нынешний год из Москвы одна только княгиня Лиговская с дочерью; но я с ними незнаком. Моя солдатская шинель — как печать отвержения. Участие, которое она возбуждает, тяжело, как милостыня.

В эту минуту прошли к колодцу мимо нас две дамы: одна пожилая, другая молоденькая, стройная. Их лиц за шляпками я не разглядел, но они одеты были по строгим правилам лучшего вкуса: ничего лишнего! На второй было закрытое платье gris de perles,[8] легкая шелковая косынка вилась вокруг ее гибкой шеи. Ботинки couleur puce[9] стягивали у щиколотки ее сухощавую ножку так мило, что даже не посвященный в таинства красоты непременно бы ахнул, хотя от удивления. Ее легкая, но благородная походка имела в себе что-то девственное, ускользающее от определения, но понятное взору. Когда она прошла мимо нас, от нее повеяло тем неизъяснимым ароматом, которым дышит иногда записка милой женщины.

— Вот княгиня Лиговская, — сказал Грушницкий, — и с нею дочь ее Мери, как она ее называет на английский манер. Они здесь только три дня.

— Однако ты уж знаешь ее имя?

— Да, я случайно слышал, — отвечал он, покраснев, — признаюсь, я не желаю с ними познакомиться. Эта гордая знать смотрит на нас, армейцев, как на диких. И какое им дело, есть ли ум под нумерованной фуражкой и сердце под толстой шинелью?

— Бедная шинель! — сказал я, усмехаясь, — а кто этот господин, который к ним подходит и так услужливо подает им стакан?

— О! — это московский франт Раевич! Он игрок: это видно тотчас по золотой огромной цепи, которая извивается по его голубому жилету. А что за толстая трость — точно у Робинзона Крузоэ! Да и борода кстати, и прическа à la moujik.[10]

— Ты озлоблен против всего рода человеческого.

— И есть за что...

— О! право?

---

8 серо-жемчужного цвета (франц.).

9 красновато-бурого цвета (франц.).

10 по-мужицки (франц.).

В это время дамы отошли от колодца и поравнялись с нами. Грушницкий успел принять драматическую позу с помощью костыля и громко отвечал мне по-французски:

— Mon cher, je haïs les hommes pour ne pas les mépriser car autrement la vie serait une farce trop dégoûtante.[11]

Хорошенькая княжна обернулась и подарила оратора долгим любопытным взором. Выражение этого взора было очень неопределенно, но не насмешливо, с чем я внутренно от души его поздравил.

— Эта княжна Мери прехорошенькая, — сказал я ему. — У нее такие бархатные глаза — именно бархатные: я тебе советую присвоить это выражение, говоря об ее глазах; нижние и верхние ресницы так длинны, что лучи солнца не отражаются в ее зрачках. Я люблю эти глаза без блеска: они так мягки, они будто бы тебя гладят... Впрочем, кажется, в ее лице только и есть хорошего... А что, у нее зубы белы? Это очень важно! жаль, что она не улыбнулась на твою пышную фразу.

— Ты говоришь о хорошенькой женщине, как об английской лошади, — сказал Грушницкий с негодованием.

— Mon cher, — отвечал я ему, стараясь подделаться под его тон, — je méprise les femmes pour ne pas les aimer car autrement la vie serait un mélodrame trop ridicule.[12]

Я повернулся и пошел от него прочь. С полчаса гулял я по виноградным аллеям, по известчатым скалам и висящим между них кустарникам. Становилось жарко, и я поспешил домой. Проходя мимо кислосерного источника, я остановился у крытой галереи, чтоб вздохнуть под ее тенью, это доставило мне случай быть свидетелем довольно любопытной сцены. Действующие лица находились вот в каком положении. Княгиня с московским франтом сидела на лавке в крытой галерее, и оба были заняты, кажется, серьезным разговором. Княжна, вероятно допив уж последний стакан, прохаживалась

---

[11] Милый мой, я ненавижу людей, чтобы их не презирать, потому что иначе жизнь была бы слишком отвратительным фарсом (франц.).

[12] Милый мой, я презираю женщин, чтобы не любить их, потому что иначе жизнь была бы слишком нелепой мелодрамой (франц.).

задумчиво у колодца. Грушницкий стоял у самого колодца; больше на площадке никого не было.

Я подошел ближе и спрятался за угол галереи. В эту минуту Грушницкий уронил свой стакан на песок и усиливался нагнуться, чтоб его поднять: больная нога ему мешала. Бежняжка! как он ухитрялся, опираясь на костыль, и все напрасно. Выразительное лицо его в самом деле изображало страдание.

Княжна Мери видела все это лучше меня.

Легче птички она к нему подскочила, нагнулась, подняла стакан и подала ему с телодвижением, исполненным невыразимой прелести; потом ужасно покраснела, оглянулась на галерею и, убедившись, что ее маменька ничего не видала, кажется, тотчас же успокоилась.

Когда Грушницкий открыл рот, чтоб поблагодарить ее, она была уже далеко. Через минуту она вышла из галереи с матерью и франтом, но, проходя мимо Грушницкого, приняла вид такой чинный и важный — даже не обернулась, даже не заметила его страстного взгляда, которым он долго ее провожал, пока, спустившись с горы, она не скрылась за липками бульвара... Но вот ее шляпка мелькнула через улицу; она вбежала в ворота одного из лучших домов Пятигорска, за нею прошла княгиня и у ворот раскланялась с Раевичем.

Только тогда бедный юнкер заметил мое присутствие.

— Ты видел? — сказал он, крепко пожимая мне руку, — это просто ангел!

— Отчего? — спросил я с видом чистейшего простодушия.

— Разве ты не видал?

— Нет, видел: она подняла твой стакан. Если бы был тут сторож, то он сделал бы то же самое, и еще поспешнее, надеясь получить на водку. Впрочем, очень понятно, что ей стало тебя жалко: ты сделал такую ужасную гримасу, когда ступил на простреленную ногу...

— И ты не был нисколько тронут, глядя на нее в эту минуту, когда душа сияла на лице ее?..

— Нет.

Я лгал; но мне хотелось его побесить. У меня врожденная

страсть противоречить; целая моя жизнь была только цепь грустных и неудачных противоречий сердцу или рассудку. Присутствие энтузиаста обдает меня крещенским холодом, и, я думаю, частые сношения с вялым флегматиком сделали бы из меня страстного мечтателя. Признаюсь еще, чувство неприятное, но знакомое пробежало слегка в это мгновение по моему сердцу; это чувство — было зависть; я говорю смело «зависть», потому что привык себе во всем признаваться; и вряд ли найдется молодой человек, который, встретив хорошенькую женщину, приковавшую его праздное внимание и вдруг явно при нем отличившую другого, ей равно ненакомого, вряд ли, говорю, найдется такой молодой человек (разумеется, живший в большом свете и привыкший баловать свое самлюбие), который бы не был этим поражен неприятно.

Молча с Грушницким спустились мы с горы и прошли по бульвару, мимо окон дома, где скрылась наша красавица. Она сидела у окна. Грушницкий, дернув меня за руку, бросил на нее один из тех мутно-нежных взглядов, которые так мало действуют на женщин. Я навел на нее лорнет и заметил, что она от его взгляда улыбнулась, а что мой дерзкий лорнет рассердил ее не на шутку. И как, в самом деле, смеет кавказский армеец наводить стеклышко на московскую княжну?..

13-го мая

Нынче поутру зашел ко мне доктор; его имя Вернер, но он русский. Что тут удивительного? Я знал одного Иванова, который был немец.

Вернер человек замечательный по многим причинам. Он скептик и материалист, как все почти медики, а вместе с этим поэт, и не на шутку, — поэт на деле всегда и часто на словах, хотя в жизнь свою не написал двух стихов. Он изучал все живые струны сердца человеческого, как изучают жилы трупа, но никогда не умел он воспользоваться своим знанием; так иногда отличный анатомик не умеет вылечить от *лихорадки!* Обыкновенно Вернер исподтишка насмехался над своими

68

больными; но я раз видел, как он плакал над умирающим солдатом... Он был беден, мечтал о миллионах, а для денег не сделал бы лишнего шагу: он мне раз говорил, что скорее сделает одолжение врагу, чем другу, потому что это значило бы продавать свою благотворительность, тогда как ненависть только усилится соразмерно великодушию противника. У него был злой язык: под вывескою его эпиграммы не один добряк прослыл пошлым дураком; его соперники, завистливые водяные медики, распустили слух, будто он рисует карикатуры на своих больных, — больные взбеленились, почти все ему отказали. Его приятели, то есть все истинно порядочные люди, служившие на Кавказе, напрасно старались восстановить его упадший кредит.

Его наружность была из тех, которые с первого взгляда поражают неприятно, но которые нравятся впоследствии, когда глаз выучится читать в неправильных чертах отпечаток души испытанной и высокой. Бывали примеры, что женщины влюблялись в таких людей до безумия и не променяли бы их безобразия на красоту самых свежих и розовых эндимионов; надобно отдать справедливость женщинам: они имеют инстинкт красоты душевной: оттого-то, может быть, люди, подобные Вернеру, так страстно любят женщин.

Вернер был мал ростом, и худ, и слаб, как ребенок; одна нога была у него короче другой, как у Байрона; в сравнении с туловищем голова его казалась огромна: он стриг волосы под гребенку, и неровности его черепа, обнаруженные таким образом, поразили бы френолога странным сплетением противоположных наклонностей. Его маленькие черные глаза, всегда беспокойные, старались проникнуть в ваши мысли. В его одежде заметны были вкус и опрятность; его худощавые, жилистые и маленькие руки красовались в светло-желтых перчатках. Его сюртук, галстук и жилет были постоянно черного цвета. Молодежь прозвала его Мефистофелем; он показывал, будто сердился за это прозвание, но в самом деле оно льстило его самолюбию. Мы друг друга скоро поняли и сделались приятелями, потому что я к дружбе неспособен: из двух друзей всегда один раб другого, хотя часто ни один из них в этом себе не признается; рабом я быть не могу, а повелевать в этом случае — труд утомительный, потому что надо вместе с этим и обманывать; да притом у меня есть лакеи и деньги! Вот как мы сделались приятелями: я встретил Вернера в С... среди многочисленного и шумного круга молодежи; разговор принял под конец вечера философско-метафизическое направление; толковали об убеждениях: каждый был убежден в разных разностях.

— Что до меня касается, то я убежден только в одном... — сказал доктор.

— В чем это? — спросил я, желая узнать мнение человека, который до сих пор молчал.

— В том, — отвечал он, — что рано или поздно в одно прекрасное утро я умру.

— Я богаче вас, сказал я, — у меня, кроме этого, есть еще убеждение — именно то, что я в один прегадкий вечер имел несчастие родиться.

Все нашли, что мы говорим вздор, а, право, из них никто ничего умнее этого не сказал. С этой минуты мы отличили в толпе друг друга. Мы часто сходились вместе и толковали вдвоем об отвлеченных предметах очень серьезно, пока не замечали оба, что мы взаимно друг друга морочим. Тогда, посмотрев значительно друг другу в глаза, как делали римские авгуры, по словам Цицерона, мы начинали хохотать и, нахохотавшись, расходились довольные своим вечером.

Я лежал на диване, устремив глаза в потолок и заложив руки под затылок, когда Вернер взошел в мою комнату. Он сел в кресла, поставил трость в угол, зевнул и объявил, что на дворе становится жарко. Я отвечал, что меня беспокоят мухи, — и мы оба замолчали.

— Заметьте, любезный доктор, — сказал я, — что без дураков было бы на свете очень скучно!.. Посмотрите, вот нас двое умных людей; мы знаем заране, что обо всем можно спорить до бесконечности, и потому не спорим; мы знаем почти все сокровенные мысли друг друга; одно слово — для нас целая история; видим зерно каждого нашего чувства сквозь тройную оболочку. Печальное нам смешно, смешное грустно, а вообще, по правде, мы ко всему довольно равнодушны, кроме самих себя. Итак, размена чувств и мыслей между нами не может быть: мы знаем один о другом все, что хотим знать, и знать больше не хотим. Остается одно средство: рассказывать новости. Скажите же мне какую-нибудь новость.

Утомленный долгой речью, я закрыл глаза и зевнул...

Он отвечал подумавши:

— В вашей галиматье, однако ж, есть идея.

— Две! — отвечал я.

— Скажите мне одну, я вам скажу другую.

— Хорошо, начинайте! — сказал я, продолжая рассматривать потолок и внутренно улыбаясь.

— Вам хочется знать какие-нибудь подробности насчет кого-нибудь из приехавших на воды, и я уж догадываюсь, о ком вы это заботитесь, потому что об вас там уже спрашивали.

— Доктор! решительно нам нельзя разговаривать: мы читаем в душе друг друга.

— Теперь другая...

— Другая идея вот: мне хотелось вас заставить рассказать что-нибудь; во-первых, потому, что такие умные люди, как вы, лучше любят слушателей, чем рассказчиков. Теперь к делу: что вам сказала княгиня Лиговская обо мне?

— Вы очень уверены, что это княгиня... а не княжна?..

— Совершенно убежден.

— Почему?

— Потому что княжна спрашивала об Грушницком.

— У вас большой дар соображения. Княжна сказала, что она уверена, что этот молодой человек в солдатской шинели разжалован в солдаты за дуэль..

— Надеюсь, вы ее оставили в этом приятном заблуждении...

— Разумеется.

— Завязка есть! — закричал я в восхищении, — об развязке этой комедии мы похлопочем. Явно судьба заботится о том, чтоб мне не было скучно.

— Я предчувствую, — сказал доктор, — что бедный Грушницкий будет вашей жертвой...

— Дальше, доктор...

— Княгиня сказала, что ваше лицо ей знакомо. Я ей заметил, что, верно, она вас встречала в Петербурге, где-нибудь в свете... я сказал ваше имя... Оно было ей известно. Кажется, ваша история там наделала много шума... Княгиня стала рассказывать о ваших похождениях, прибавляя, вероятно, к светским сплетням свои замечания... Дочка слушала с любопытством. В ее воображении вы сделались героем романа в новом вкусе... Я не противоречил княгине, хотя знал, что она говорит вздор.

— Достойный друг! — сказал я, протянув ему руку. Доктор пожал ее с чувством и продолжал:

— Если хотите, я вас представлю...

— Помилуйте! — сказал я, всплеснув руками, — разве героев представляют? Они не иначе знакомятся, как спасая от верной смерти свою любезную...

— И вы в самом деле хотите волочиться за княжной?..

— Напротив, совсем напротив!.. Доктор, наконец я торжествую: вы меня не понимаете!.. Это меня, впрочем, огорчает, доктор, — продолжал я после минуты молчания, — я никогда сам не открываю моих тайн, а ужасно люблю, чтоб их отгадывали, потому что таким образом я всегда могу при случае от них отпереться. Однако ж вы мне должны описать маменьку с дочкой. Что они за люди?

— Во-первых, княгиня — женщина сорока пяти лет, — отвечал Вернер, — у нее прекрасный желудок, но кровь испорчена; на щеках красные пятна. Последнюю половину своей жизни она провела в Москве и тут на покое растолстела. Она любит соблазнительные анекдоты и сама говорит иногда неприличные вещи, когда дочери нет в комнате. Она мне объявила, что дочь ее невинна как голубь. Какое мне дело?.. Я хотел ей отвечать, чтоб она была спокойна, что я никому этого не скажу! Княгиня лечится от ревматизма, а дочь бог знает от чего; я велел обеим пить по два стакана в день кислосерной воды и купаться два раза в неделю в разводной ванне. Княгиня, кажется, не привыкла повелевать; она питает уважение к уму и знаниям дочки, которая читала Байрона по-английски и знает алгебру: в Москве, видно, барышни пустились в ученость, и хорошо делают, право! Наши мужчины так не любезны вообще, что с ними кокетничать, должно быть, для умной женщины несносно. Княгиня очень любит молодых людей: княжна смотрит на них с некоторым презрением: московская привычка! Они в Москве только и питаются, что сорокалетними остряками.

— А вы были в Москве, доктор?

— Да, я имел там некоторую практику.

— Продолжайте.

— Да я, кажется, все сказал... Да! вот еще: княжна, кажется, любит рассуждать о чувствах, страстях и прочее... она была одну зиму в Петербурге, и он ей не понравился, особенно общество: ее, верно, холодно приняли.

— Вы никого у них не видали сегодня?

— Напротив; был один адъютант, один натянутый гвардеец и какая-то дама из новоприезжих, родственница княгини по мужу, очень хорошенькая, но очень, кажется, больная... Не встретили ль вы ее у колодца? — она среднего роста, блондинка, с правильными чертами, цвет лица чахоточный, а на правой щеке черная родинка; ее лицо меня поразило своей выразительностью.

— Родинка! — пробормотал я сквозь зубы. — Неужели?

Доктор посмотрел на меня и сказал торжественно, положив мне руку на сердце:

— Она вам знакома!.. — Мое сердце точно билось сильнее обыкновенного.

— Теперь ваша очередь торжествовать! — сказал я, — только я на вас надеюсь: вы мне не измените. Я ее не видал еще, но уверен, узнаю в вашем портрете одну женщину, которую любил в старину... Не говорите ей обо мне ни слова; если она спросит, отнеситесь обо мне дурно.

— Пожалуй! — сказал Вернер, пожав плечами.

Когда он ушел, то ужасная грусть стеснила мое сердце. Судьба ли нас свела опять на Кавказе, или она нарочно сюда приехала, зная, что меня встретит?.. и как мы встретимся?.. и потом, она ли это?.. Мои предчувствия меня никогда не

73

обманывали. Нет в мире человека, над которым прошедшее приобретало бы такую власть, как надо мною: всякое напоминание о минувшей печали или радости болезненно ударяет в мою душу и извлекает из нее все те же звуки... Я глупо создан: ничего не забываю, — ничего!

После обеда часов в шесть я пошел на бульвар: там была толпа; княгиня с княжной сидели на скамье, окруженные молодежью, которая любезничала наперерыв. Я поместился в некотором расстоянии на другой лавке, остановил двух знакомых Д... офицеров и начал им что-то рассказывать; видно, было смешно, потому что они начали хохотать как сумасшедшие. Любопытство привлекло ко мне некоторых из окружавших княжну; мало-помалу и все ее покинули и присоединились к моему кружку. Я не умолкал: мои анекдоты были умны до глупости, мои насмешки над проходящими мимо оригиналами были злы до неистовства... Я продолжал увеселять публику до захождения солнца. Несколько раз княжна под ручку с матерью проходила мимо меня, сопровождаемая каким-то хромым старичком; несколько раз ее взгляд, упадая на меня, выражал досаду, стараясь выразить равнодушие...

— Что он вам рассказывал? — спросила она у одного из молодых людей, возвратившихся к ней из вежливости, — верно, очень занимательную историю — свои подвиги в сражениях?.. — Она сказала это довольно громко и, вероятно, с намерением кольнуть меня. «А-га! — подумал я, — вы не на шутку сердитесь, милая княжна; погодите, то ли еще будет!»

Грушницкий следил за нею, как хищный зверь, и не спускал ее с глаз: бьюсь об заклад, что завтра он будет просить, чтоб его кто-нибудь представил княгине. Она будет очень рада, потому что ей скучно.

16-го мая.

В продолжение двух дней мои дела ужасно подвинулись. Княжна меня решительно ненавидит; мне уже пересказали две-три эпиграммы на мой счет, довольно колкие, но вместе очень лестные. Ей ужасно странно, что я, который привык к хорошему обществу, который так короток с ее петербургскими кузинами и тетушками, не стараюсь познакомиться с нею. Мы встречаемся каждый день у колодца, на бульваре; я употребляю все свои силы на то, чтоб отвлекать ее обожателей, блестящих адъютантов, бледных москвичей и других, — и мне почти всегда удается. Я всегда ненавидел гостей у себя: теперь у меня каждый день полон дом, обедают, ужинают, играют, — и, увы, мое шампанское торжествует над силою магнетических ее глазок!

Вчера я ее встретил в магазине Челахова; она торговала чудесный персидский ковер. Княжна упрашивала свою маменьку не скупиться: этот ковер так украсил бы ее кабинет!.. Я дал сорок рублей лишних и перекупил его; за это я был вознагражден взглядом, где блистало самое восхитительное бешенство. Около обеда я велел нарочно провести мимо ее окон мою черкескую лошадь, покрытую этим ковром. Вернер был у них в это время и говорил мне, что эффект этой сцены был самый драматический. Княжна хочет проповедовать против меня ополчение; я даже заметил, что уж два адъютанта при ней со мною очень сухо кланяются, однако всякий день у меня обедают.

Грушницкий принял таинственный вид: ходит, закинув руки за спину, и никого не узнает; нога его вдруг выздоровела: он едва хромает. Он нашел случай вступить в разговор с княгиней и сказал какой-то комплимент княжне: она, видно, не очень разборчива, ибо с тех пор отвечает на его поклон самой милой улыбкою.

— Ты решительно не хочешь познакомиться с Лиговскими? — сказал он мне вчера.

— Решительно.

— Помилуй! самый приятный дом на водах! Все здешнее лучшее общество...

— Мой друг, мне и нездешнее ужасно надоело. А ты у них бываешь?

— Нет еще; я говорил раза два с княжной, и более, но знаешь, как-то напрашиваться в дом неловко, хотя здесь это и водится... Другое дело, если б я носил эполеты...

— Помилуй! да эдак ты гораздо интереснее! Ты просто не

умеешь пользоваться своим выгодным положением... да солдатская шинель в глазах чувствительной барышни тебя делает героем и страдальцем.

Грушницкий самодовольно улыбнулся.

— Какой вздор! — сказал он.

— Я уверен, — продолжал я, — что княжна в тебя уж влюблена!

Он покраснел до ушей и надулся.

О самолюбие! ты рычаг, которым Архимед хотел приподнять земной шар!..

— У тебя все шутки! — сказал он, показывая, будто сердится, — во-первых, она меня еще так мало знает...

— Женщины любят только тех, которых не знают.

— Да я вовсе не имею претензии ей нравиться: я просто хочу познакомиться с приятным домом, и было бы очень смешно, если б я имел какие-нибудь надежды... Вот вы, например, другое дело! — вы победители петербургские: только посмотрите, так женщины тают... А знаешь ли, Печорин, что княжна о тебе говорила?

— Как? она тебе уж говорила обо мне?..

— Не радуйся, однако. Я как-то вступил с нею в разговор у колодца, случайно; третье слово ее было: «Кто этот господин, у которого такой неприятный тяжелый взгляд? он был с вами, тогда...» Она покраснела и не хотела назвать дня, вспомнив свою милую выходку. «Вам не нужно сказывать дня, — отвечал я ей, — он вечно будет мне памятен...» Мой друг, Печорин! я тебе не поздравляю; ты у нее на дурном замечании... А, право, жаль! потому что Мери очень мила!..

Надобно заметить, что Грушницкий из тех людей, которые, говоря о женщине, с которой они едва знакомы, называют ее моя Мери, моя Sophie, если она имела счастие им понравиться.

Я принял серьезный вид и отвечал ему:

— Да, она недурна... только берегись, Грушницкий! Русские барышни большею частью питаются только платонической любовью, не примешивая к ней мысли о замужестве; а платоническая любовь самая беспокойная. Княжна, кажется, из тех женщин, которые хотят, чтоб их забавляли; если две минуты сряду ей будет возле тебя скучно, ты погиб невозвратно: твое молчание должно возбуждать ее любопытство, твой разговор — никогда не удовлетворять его вполне; ты должен ее тревожить ежеминутно; она десять раз публично для тебя пренебрежет мнением и назовет это жертвой и, чтоб вознаградить себя за это, станет тебя мучить — а потом просто скажет, что она тебя терпеть не может. Если ты над нею не приобретешь власти, то даже ее первый поцелуй не даст тебе права на второй; она с тобою накокетничается вдоволь, а года через два выйдет замуж за урода, из покорности к маменьке, и станет себя уверять, что она несчастна, что она одного только человека и любила, то есть тебя, но что небо не хотело соединить ее с ним, потому что на нем была солдатская шинель, хотя под этой толстой серой шинелью билось сердце страстное и благородное...

Грушницкий ударил по столу кулаком и стал ходить взад и вперед по комнате.

Я внутренно хохотал и даже раза два улыбнулся, но он, к счастью, этого не заметил. Явно, что он влюблен, потому что стал еще доверчивее прежнего; у него даже появилось серебряное кольцо с чернью, здешней работы: оно мне показалось подозрительным... Я стал его рассматривать, и что же?.. мелкими буквами имя Мери было вырезано на внутренней стороне, и рядом — число того дня, когда она подняла знаменитый стакан. Я утаил свое открытие; я не хочу вынуждать у него признаний, я хочу, чтобы он сам выбрал меня в свои поверенные, и тут-то я буду наслаждаться...

• • • • • • • • • • • • • • • • •

Сегодня я встал поздно; прихожу к колодцу — никого уже нет. Становилось жарко; белые мохнатые тучки быстро бежали от снеговых гор, обещая грозу; голова Машука дымилась, как загашенный факел; кругом него вились и ползали, как змеи, серые клочки облаков, задержанные в своем стремлении и будто зацепившиеся за колючий его кустарник. Воздух был напоен электричеством. Я углубился в виноградную аллею, ведущую в грот; мне было грустно. Я думал о той молодой женщине с родинкой на щеке, про которую говорил мне доктор... Зачем она здесь? И она ли? И почему я думаю, что это она? и почему я даже так в этом уверен? Мало ли женщин с родинками на щеках? Размышляя таким образом, я подошел к самому гроту. Смотрю: в прохладной тени его свода, на каменной скамье сидит женщина, в соломенной шляпке, окутанная черной шалью, опустив голову на грудь; шляпка закрывала ее лицо. Я хотел уже вернуться, чтоб не нарушить ее мечтаний, когда она на меня взглянула.

— Вера! — вскрикнул я невольно.

Она вздрогнула и побледнела.

— Я знала, что вы здесь, — сказала она. Я сел возле нее и взял ее за руку. Давно забытый трепет пробежал по моим жилам при звуке этого милого голоса; она посмотрела мне в глаза своими глубокими и спокойными глазами; в них выражалась недоверчивость и что-то похожее на упрек.

— Мы давно не видались, — сказал я.

— Давно, и переменились оба во многом!

— Стало быть, уж ты меня не любишь?..

— Я замужем! — сказала она.

— Опять? Однако несколько лет тому назад эта причина также существовала, но между тем... Она выдернула свою руку из моей, и щеки ее запылали.

— Может быть, ты любишь своего второго мужа?.. Она не отвечала и отвернулась.

— Или он очень ревнив?

Молчание.

— Что ж? Он молод, хорош, особенно, верно, богат, и ты боишься... — я взглянул на нее и испугался; ее лицо выражало глубокое отчаянье, на глазах сверкали слезы.

— Скажи мне, — наконец прошептала она, — тебе очень весело меня мучить? Я бы тебя должна ненавидеть. С тех пор как мы знаем друг друга, ты ничего мне не дал, кроме страданий... — Ее голос задрожал, она склонилась ко мне и опустила голову на грудь мою.

«Может быть, — подумал я, — ты оттого-то именно меня и любила: радости забываются, а печали никогда...»

Я ее крепко обнял, и так мы оставались долго. Наконец губы наши сблизились и слились в жаркий, упоительный поцелуй; ее руки были холодны как лед, голова горела. Тут между нами начался один из тех разговоров, которые на бумаге не имеют смысла, которых повторить нельзя и нельзя даже запомнить: значение звуков заменяет и дополняет значение слов, как в итальянской опере.

Она решительно не хочет, чтоб я познакомился с ее мужем — тем хромым старичком, которого я видел мельком на бульваре: она вышла за него для сына. Он богат и страдает ревматизмами. Я не позволил себе над ним ни одной насмешки: она его уважает, как отца, — и будет обманывать, как мужа... Странная вещь сердце человеческое вообще, и женское в особенности!

Муж Веры, Семен Васильевич Г...в, дальний родственник княгини Лиговской. Он живет с нею рядом; Вера часто бывает у княгини; я ей дал слово познакомиться с Лиговскими и волочиться за княжной, чтоб отвлечь от нее внимание. Таким образом, мои планы нимало не расстроились, и мне будет весело...

Весело!.. Да, я уже прошел тот период жизни душевной, когда ищут только счастия, когда сердце чувствует необходимость любить сильно и страстно кого-нибудь, — теперь я только хочу быть любимым, и то очень немногими; даже мне кажется, одной постоянной привязанности мне было бы довольно: жалкая привычка сердца!..

Однако мне всегда было странно: я никогда не делался рабом любимой женщины; напротив я всегда приобретал над их волей и сердцем непобедимую власть, вовсе об этом не стараясь. Отчего это? — оттого ли что я никогда ничем очень не дорожу и что они ежеминутно боялись выпустить меня из рук? или это — магнетическое влияния сильного организма? или мне просто не удавалось встретить женщину с упорным характером?

Надо признаться, что я точно не люблю женщин с характером: их ли это дело!..

Правда, теперь вспомнил: один раз, один только раз я любил женщину с твердой волей, которую никогда не мог победить... Мы расстались врагами, — и то, может быть, если б я ее встретил пятью годами позже, мы расстались бы иначе...

Вера больна, очень больна, хотя в этом и не признается, я боюсь, чтобы не было у нее чахотки или той болезни, которую называют fievre lente — болезнь не русская вовсе, и ей на нашем языке нет названия.

Гроза застала нас в гроте и удержала лишних полчаса. Она не заставляла меня клясться в верности, не спрашивала, любил ли я других с тех пор, как мы расстались... Она вверилась мне снова с прежней беспечностью, — я ее не обману; она единственная женщина в мире, которую я не в силах был бы обмануть. Я знаю, мы скоро разлучимся опять и, может быть, на веки: оба пойдем разными путями до гроба; но воспоминание о ней останется неприкосновенным в душе моей; я ей это повторял всегда и она мне верит, хотя говорит противное.

Наконец мы расстались; я долго следил за нею взором, пока ее шляпка не скрылась за кустарниками и скалами. Сердце мое болезненно сжалось, как после первого расставания. О, как я обрадовался этому чувству! Уж не молодость ли с своими благотворными бурями хочет вернуться ко мне опять, или это только ее прощальный взгляд, последний подарок — на память?.. А смешно подумать, что на вид я еще мальчик: лицо хотя бледно, но еще свежо; члены гибки и стройны; густые кудри вьются, глаза горят, кровь кипит...

Возвратясь домой, я сел верхом и поскакал в степь; я люблю скакать на гояччей лошади по высокой траве, против пустынного ветра; с жадностью глотаю я благовонный воздух и устремляю взоры в синюю даль, стараясь уловить туманные очерки предметов, которые ежеминутно становятся все яснее и яснее. Какая бы горесть ни лежала на сердце, какое бы беспокойство ни томило мысль, все в минуту рассеется; на душе станет легко, усталость тела победит тревогу ума. Нет женского взора, которого бы я не забыл при виде кудрявых гор, озаренных южным солнцем, при виде голубого неба или внимая шуму потока, падающего с утеса на утес.

Я думаю, казаки, зевающие на своих вышках, видя меня скачущего без нужды и цели, долго мучились этой загадкой, ибо, верно, по одежде приняли меня за черкеса. Мне в самом деле говорили, что в черкесском костюме верхом я больше похож на кабардинца, чем многие кабардинцы. И точно, что касается до этой благородной боевой одежды, я совершенный денди: ни одного галуна лишнего; оружие ценное в простой отделке, мех на шапке не слишком длинный, не слишком короткий; ноговицы и черевики пригнаны со всевозможной точностью; бешмет белый, черкеска темно-бурая. Я долго изучал горскую посадку: ничем нельзя так польстить моему самолюбию, как признавая мое искусство в верховой езде на кавказский лад. Я держу четырех лошадей: одну для себя, трех для приятелей, чтоб не скучно было одному таскаться по полям; они берут моих лошадей с удовольствием и никогда со мной не ездят вместе. Было уже шесть часов пополудни, когда вспомнил я, что пора обедать; лошадь моя была измучена; я выехал на дорогу, ведущую из Пятигорска в немецкую колонию, куда часто водяное общество ездит en piquenique.[13] Дорога идет, извиваясь между кустарниками, опускаясь в небольшие овраги, где протекают шумные ручьи под сенью высоких трав; кругом амфитеатром возвышаются синие громады Бешту, Змеиной, Железной и Лысой горы. Спустясь в один из таких оврагов, называемых на здешнем наречии балками, я остановился, чтоб напоить лошадь; в это время показалась на дороге шумная и блестящая кавалькада: дамы в черных и голубых амазонках, кавалеры в костюмах, составляющих смесь черкесского с нижегородским; впереди ехал Грушницкий с княжною Мери.

Дамы на водах еще верят нападениям черкесов среди белого дня; вероятно, поэтому Грушницкий сверх солдатской шинели повесил шашку и пару пистолетов: он был довольно

---

[13] на пикник (франц.).

смешон в этом геройском облечении. Высокий куст закрывал меня от них, но сквозь листья его я мог видеть все и отгадать по выражениям их лиц, что разговор был сентиментальный. Наконец они приблизились к спуску; Грушницкий взял за повод лошадь княжны, и тогда я услышал конец их разговора:

— И вы целую жизнь хотите остаться на Кавказе? — говорила княжна.

— Что для меня Россия! — отвечал ее кавалер, — страна, где тысячи людей, потому что они богаче меня, будут смотреть на меня с презрением, тогда как здесь — здесь эта толстая шинель не помешала моему знакомству с вами...

— Напротив... — сказала княжна, покраснев.

Лицо Грушницкого изобразило удовольствие. Он продолжал:

— Здесь моя жизнь протечет шумно, незаметно и быстро, под пулями дикарей, и если бы бог мне каждый год посылал один светлый женский взгляд, один, подобный тому...

В это время они поравнялись со мной; я ударил плетью по лошади и выехал из-за куста...

— Mon Dieu, un Circassien!..[14] — вскрикнула княжна в ужасе. Чтоб ее совершенно разуверить, я отвечал по-французски, слегка наклонясь:

— Ne craignez rien, madame, — je ne suis pas plus dangereux que votre cavalier.[15]

Она смутилась, — но отчего? от своей ошибки или оттого, что мой ответ ей показался дерзким? Я желал бы, чтоб последнее мое предположение было справедливо. Грушницкий бросил на меня недовольный взгляд.

Поздно вечером, то есть часов в одиннадцать, я пошел гулять по липовой аллее бульвара. Город спал, только в некоторых окнах мелькали огни. С трех сторон чернели гребни утесов, отрасли Машука, на вершине которого лежало зловещее облачко; месяц подымался на востоке; вдали

---

[14] Боже мой, черкес!.. (франц.)

[15] Не бойтесь, сударыня, — я не более опасен, чем ваш кавалер (франц.).

серебряной бахромой сверкали снеговые горы. Оклики часовых перемежались с шумом горячих ключей, спущенных на ночь. Порою звучный топот коня раздавался по улице, сопровождаемый скрыпом нагайской арбы и заунывным татарским припевом. Я сел на скамью и задумался... Я чувствовал необходимость излить свои мысли в дружеском разговоре... но с кем? «Что делает теперь Вера?» — думал я... Я бы дорого дал, чтоб в эту минуту пожать ее руку.

Вдруг слышу быстрые и неровные шаги... Верно, Грушницкий... Так и есть!

— Откуда?

— От княгини Лиговской, — сказал он очень важно. — Как Мери поет!..

— Знаешь ли что? — сказал я ему, — я пари держу, что она не знает, что ты юнкер; она думает, что ты разжалованный...

— Может быть! Какое мне дело!.. — сказал он рассеянно.

— Нет, я только так это говорю...

— А знаешь ли, что ты нынче ее ужасно рассердил? Она нашла, что это неслыханная дерзость; я насилу мог ее уверить, что ты так хорошо воспитан и так хорошо знаешь свет, что не мог иметь намерение ее оскорбить; она говорит, что у тебя наглый взгляд, что ты, верно, о себе самого высокого мнения.

— Она не ошибается... А ты не хочешь ли за нее вступиться?

— Мне жаль, что не имею еще этого права...

— О-го! — подумал я, — у него, видно, есть уже надежды...»

— Впрочем, для тебя же хуже, — продолжал Грушницкий, — теперь тебе трудно познакомиться с ними, — а жаль! это один из самых приятных домов, какие я только знаю...

Я внутренно улыбнулся.

— Самый приятный дом для меня теперь мой, — сказал я, зевая, и встал, чтоб идти.

— Однако признайся, ты раскаиваешься?..

— Какой вздор! если я захочу, то завтра же буду вечером у княгини...

— Посмотрим...

— Даже, чтоб тебе сделать удовольствие, стану волочиться за княжной...

— Да, если она захочет говорить с тобой...

— Я подожду только той минуты, когда твой разговор ей наскучит... Прощай!..

— А я пойду шататься, — я ни за что теперь не засну... Послушай, пойдем лучше в ресторацию, там игра... мне нужны нынче сильные ощущения...

— Желаю тебе проиграться...

Я пошел домой.

21-го мая

Прошла почти неделя, а я еще не познакомился с Лиговскими. Жду удобного случая. Грушницкий, как тень, следует за княжной везде; их разговоры бесконечны: когда же он ей наскучит?.. Мать не обращает на это внимания, потому что он не жених. Вот логика матерей! Я подметил два, три нежных взгляда, — надо этому положить конец.

Вчера у колодца в первый раз явилась Вера... Она, с тех пор как мы встретились в гроте, не выходила из дома. Мы в одно время опустили стаканы, и, наклонясь, она мне сказала шепотом:

— Ты не хочешь познакомиться с Лиговскими?.. Мы только там можем видеться...

Упрек! скучно! Но я его заслужил...

Кстати: завтра бал по подписке в зале ресторации, и я буду танцевать с княжной мазурку.

22-го мая

Зала ресторации превратилась в залу Благородного собрания. В девять часов все съехались. Княгиня с дочерью явилась из последних; многие дамы посмотрели на нее с завистью и недоброжелательством, потому что княжна Мери

84

одевается со вкусом. Те, которые почитают себя здешними аристократками, утаив зависть, примкнулись к ней. Как быть? Где есть общество женщин — там сейчас явится высший и низший круг. Под окном, в толпе народа, стоял Грушницкий, прижав лицо к стеклу и не спуская глаз с своей богини; она, проходя мимо, едва приметно кивнула ему головой. Он просиял, как солнце... Танцы начались польским; потом заиграли вальс. Шпоры зазвенели, фалды поднялись и закружились.

Я стоял сзади одной толстой дамы, осененной розовыми перьями; пышность ее платья напоминала времена фижм, а пестрота ее негладкой кожи — счастливую эпоху мушек из черной тафты. Самая большая бородавка на ее шее прикрыта была фермуаром. Она говорила своему кавалеру, драгунскому капитану:

— Эта княжна Лиговская пренесносная девчонка! Вообразите, толкнула меня и не извинилась, да еще обернулась и посмотрела на меня в лорнет... C`est impayable!..[16] И чем она гордится? Уж ее надо бы проучить...

— За этим дело не станет! — отвечал услужливый капитан и отправился в другую комнату.

Я тотчас подошел к княжне, приглашая ее вальсировать, пользуясь свободой здешних обычаев, позволяющих танцевать с незнакомыми дамами.

Она едва могла принудить себя не улыбнуться и скрыть свое торжество; ей удалось, однако, довольно скоро принять совершенно равнодушный и даже строгий вид: она небрежно опустила руку на мое плечо, наклонила слегка головку набок, и мы пустились. Я не знаю талии более сладострастной и гибкой! Ее свежее дыхание касалось моего лица; иногда локон, отделившийся в вихре вальса от своих товарищей, скользил по горящей щеке моей... Я сделал три тура. (Она вальсирует удивительно хорошо). Она запыхалась, глаза ее помутились,

---

[16] Это презабавно!.. (франц.)

полураскрытые губки едва могли прошептать необходимое: «Merci, monsieur».[17]

После нескольких минут молчания я сказал ей, приняв самый покорный вид:

— Я слышал, княжна, что, будучи вам вовсе незнаком, я имел уже несчастье заслужить вашу немилость... что вы меня нашли дерзким... неужели это правда?

— И вам бы хотелось теперь меня утвердить в этом мнении? — отвечала она с иронической гримаской, которая, впрочем, очень идет к ее подвижной физиономии.

— Если я имел дерзость вас чем-нибудь оскорбить, то позвольте мне иметь еще большую дерзость просить у вас прощения... И, право, я бы очень желал доказать вам, что вы насчет меня ошибались...

— Вам это будет довольно трудно...

— Отчего же?

— Оттого, что вы у нас не бываете, а эти балы, вероятно, не часто будут повторяться.

«Это значит, — подумал я, — что их двери для меня навеки закрыты».

— Знаете, княжна, — сказал я с некоторой досадой, — никогда не должно отвергать кающегося преступника: с отчаяния он может сделаться еще вдвое преступнее... и тогда...

Хохот и шушуканье нас окружающих заставили меня обернуться и прервать мою фразу. В нескольких шагах от меня стояла группа мужчин, и в их числе драгунский капитан, изъявивший враждебные намерения против милой княжны; он особенно был чем-то очень доволен, потирал руки, хохотал и перемигивался с товарищами. Вдруг из среды их отделился господин во фраке с длинными усами и красной рожей и направил неверные шаги свои прямо к княжне: он был пьян. Остановясь против смутившейся княжны и заложив руки за спину, он уставил на нее мутно-серые глаза и произнес хриплым дишкантом:

---

[17] Благодарю вас, сударь (франц.).

— Перемете...[18] ну, да что тут!.. просто ангажирую вас на мазурку...

— Что вам угодно? — произнесла она дрожащим голосом, бросая кругом умоляющий взгляд. Увы! ее мать была далеко, и возле никого из знакомых ей кавалеров не было; один адъютант, кажется, все это видел, да спрятался за толпой, чтоб не быть замещану в историю.

— Что же? — сказал пьяный господин, мигнув драгунскому капитану, который ободрял его знаками, — разве вам не угодно?.. Я таки опять имею честь вас ангажировать pour mazure...[19] Вы, может, думаете, что я пьян? Это ничего!.. Гораздо свободнее, могу вас уверить...

Я видел, что она готова упасть в обморок от страху и негодования.

Я подошел к пьяному господину, взял его довольно крепко за руку и, посмотрев ему пристально в глаза, попросил удалиться, — потому, прибавил я, что княжна давно уж обещалась танцевать мазурку со мною.

— Ну, нечего делать!.. в другой раз! — сказал он, засмеявшись, и удалился к своим пристыженным товарищам, которые тотчас увели его в другую комнату.

Я был вознагражден глубоким, чудесным взглядом.

Княжна подошла к своей матери и рассказала ей все, та отыскала меня в толпе и благодарила. Она объявила мне, что знала мою мать и была дружна с полдюжиной моих тетушек.

— Я не знаю, как случилось, что мы до сих пор с вами незнакомы, — прибавила она, — но признайтесь, вы этому одни виною: вы дичитесь всех так, что ни на что не похоже. Я надеюсь, что воздух моей гостиной разгонит ваш сплин... не правда ли?

Я сказал ей одну из тех фраз, которые у всякого должны быть заготовлены на подобный случай.

Кадрили тянулись ужасно долго.

Наконец с хор загремела мазурка; мы с княжной уселись.

---

[18] Позвольте... (от франц. pemetter.)

[19] на мазурку... (франц.).

Я не намекал ни разу ни о пьяном господине, ни о прежнем моем поведении, ни о Грушницком. Впечатление, произведенное на нее неприятною сценою, мало-помалу рассеялось; личико ее расцвело; она шутила очень мило; ее разговор был остер, без притязания на остроту, жив и свободен; ее замечания иногда глубоки... Я дал ей почувствовать очень запутанной фразой, что она мне давно нравится. Она наклонила головку и слегка покраснела.

— Вы странный человек! — сказала она потом, подняв на меня свои бархатные глаза и принужденно засмеявшись.

— Я не хотел с вами знакомиться, — продолжал я, — потому что вас окружает слишком густая толпа поклонников, и я боялся в ней исчезнуть совершенно.

— Вы напрасно боялись! Они все прескучные...

— Все! Неужели все?

Она посмотрела на меня пристально, стараясь будто припомнить что-то, потом опять слегка покраснела и, наконец, произнесла решительно: все!

— Даже мой друг Грушницкий?

— А он ваш друг? — сказала она, показывая некоторое сомнение.

— Да.

— Он, конечно, не входит в разряд скучных...

— Но в разряд несчастных, — сказал я смеясь.

— Конечно! А вам смешно? Я б желала, чтоб вы были на его месте...

— Что ж? я был сам некогда юнкером, и, право, это самое лучшее время моей жизни!

— А разве он юнкер?.. — сказала она быстро и потом прибавила: — А я думала...

— Что вы думали?..

— Ничего!.. Кто эта дама?

Тут разговор переменил направление и к этому уж более не возвращался.

Вот мазурка кончилась, и мы распростились — до свидания. Дамы разъехались... Я пошел ужинать и встретил Вернера.

— А-га! — сказал он, — так-то вы! А еще хотели не иначе знакомиться с княжной, как спасши ее от верной смерти.

— Я сделал лучше, — отвечал я ему, — спас ее от обморока на бале!..

— Как это? Расскажите!..

— Нет, отгадайте, — о вы, отгадывающий все на свете!

23-го мая

Около семи часов вечера я гулял на бульваре. Грушницкий, увидав меня издали, подошел ко мне: какой-то смешной восторг блистал в его глазах. Он крепко пожал мне руку и сказал трагическим голосом:

— Благодарю тебя, Печорин... Ты понимаешь меня?..

— Нет; но, во всяком случае, не стоит благодарности, — отвечал я, не имея точно на совести никакого благодеяния.

— Как? а вчера? ты разве забыл?.. Мери мне все рассказала...

— А что? разве у вас уж нынче все общее? и благодарность?..

— Послушай, — сказал Грушницкий очень важно, — пожалуйста, не подшучивай над моей любовью, если хочешь остаться моим приятелем... Видишь: я ее люблю до безумия... и я думаю, я надеюсь, она также меня любит... У меня есть до тебя просьба: ты будешь нынче у них вечером... обещай мне замечать все; я знаю, ты опытен в этих вещах, ты лучше меня знаешь женщин... Женщины! женщины! кто их поймет? Их улыбки противоречат их взорам, их слова обещают и манят, а звук их голоса отталкивает... То они в минуту постигают и угадывают самую потаенную нашу мысль, то не понимают самых ясных намеков... Вот хоть княжна: вчера ее глаза пылали страстью, останавливаясь на мне, нынче они тусклы и холодны...

— Это, может быть, следствие действия вод, — отвечал я.

— Ты во всем видишь худую сторону... матерьялист!

прибавил он презрительно. — Впрочем, переменим материю, — и, довольный плохим каламбуром, он развеселился.

В девятом часу мы вместе пошли к княгине.

Проходя мимо окон Веры, я видел ее у окна. Мы кинули друг другу беглый взгляд. Она вскоре после нас вошла в гостиную Лиговских. Княгиня меня ей представила как своей родственнице. Пили чай; гостей было много; разговор был общий. Я старался понравиться княгине, шутил, заставлял ее несколько раз смеяться от души; княжне также не раз хотелось похохотать, но она удерживалась, чтоб не выйти из принятой роли; она находит, что томность к ней идет, — и, может быть, не ошибается. Грушницкий, кажется, очень рад, что моя веселость ее не заражает.

После чая все пошли в залу.

— Довольна ль ты моим послушанием, Вера? — сказал я, проходя мимо ее.

Она мне кинула взгляд, исполненный любви и благодарности. Я привык к этим взглядам; но некогда они составляли мое блаженство. Княгиня усадила дочь за фортепьяно; все просили ее спеть что-нибудь, — я молчал и, пользуясь суматохой, отошел к окну с Верой, которая мне хотела сказать что-то очень важное для нас обоих... Вышло — вздор...

Между тем княжне мое равнодушие было досадно, как я мог догадаться по одному сердитому, блестящему взгляду... О, я удивительно понимаю этот разговор немой, но выразительный, краткий, но сильный!..

Она запела: ее голос недурен, но поет она плохо... впрочем, я не слушал. Зато Грушницкий, облокотясь на рояль против нее, пожирал ее глазами и поминутно говорил вполголоса: «Charmant! délicieux!»[20]

— Послушай, — говорила мне Вера, — я не хочу, чтоб ты знакомился с моим мужем, но ты должен непременно понравиться княгине; тебе это легко: ты можешь все, что

---

[20] Очаровательно! прелестно! (франц.)

90

захочешь. Мы здесь только будем видеться... — Только?.. Она покраснела и продолжала:

— Ты знаешь, что я твоя раба; я никогда не умела тебе противиться... и я буду за это наказана: ты меня разлюбишь! По крайней мере я хочу сберечь свою репутацию... не для себя: ты это знаешь очень хорошо!.. О, я прошу тебя: не мучь меня по-прежнему пустыми сомнениями и притворной холодностью: я, может быть, скоро умру, я чувствую, что слабею со дня на день... и, несмотря на это, я не могу думать о будущей жизни, я думаю только о тебе. Вы, мужчины, не понимаете наслаждений взора, пожатия руки, а я, клянусь тебе, я, прислушиваясь к твоему голосу, чувствую такое глубокое, странное блаженство, что самые жаркие поцелуи не могут заменить его.

Между тем княжна Мери перестала петь. Ропот похвал раздался вокруг нее; я подошел к ней после всех и сказал ей что-то насчет ее голоса довольно небрежно.

— Мне это тем более лестно, — сказала она, — что вы меня вовсе не слушали; но вы, может быть, не любите музыки?..

— Напротив... после обеда особенно.

— Грушницкий прав, говоря, что у вас самые прозаические вкусы... и я вижу, что вы любите музыку в гастрономическом отношении...

— Вы ошибаетесь опять: я вовсе не гастроном: у меня прескверный желудок. Но музыка после обеда усыпляет, а спать после обеда здорово: следовательно, я люблю музыку в медицинском отношении. Вечером же она, напротив, слишком раздражает мои нервы: мне делается или слишком грустно, или слишком весело. То и другое утомительно, когда нет положительной причины грустить или радоваться, и притом грусть в обществе смешна, а слишком большая веселость неприлична...

Она не дослушала, отошла прочь, села возле Грушницкого, и между ними начался какой-то сентиментальный разговор: кажется, княжна отвечала на его мудрые фразы довольно рассеянно и неудачно, хотя старалась показать, что слушает его со вниманием, потому что он иногда смотрел на нее с удивлением, стараясь угадать причину внутреннего волнения, изображавшегося иногда в ее беспокойном взгляде...

Но я вас отгадал, милая княжна, берегитесь! Вы хотите мне отплатить тою же монетою, кольнуть мое самолюбие, — вам не удастся! и если вы мне объявите войну, то я буду беспощаден.

В продолжение вечера я несколько раз нарочно старался вмешаться в их разговор, но она довольно сухо встречала мои замечания, и я с притворной досадою наконец удалился. Княжна торжествовала, Грушницкий тоже. Торжествуйте, друзья мои, торопитесь... вам недолго торжествовать!.. Как быть? у меня есть предчувствие... Знакомясь с женщиной, я всегда безошибочно отгадывал, будет ли она меня любить или нет...

Остальную часть вечера я провел возле Веры и досыта наговорился о старине... За что она меня так любит, право, не знаю! Тем более, что это одна женщина, которая меня поняла совершенно, со всеми моими мелкими слабостями, дурными страстями... Неужели зло так привлекательно?..

Мы вышли вместе с Грушницким; на улице он взял меня под руку и после долгого молчания сказал:

— Ну, что?

«Ты глуп», — хотел я ему ответить, но удержался и только пожал плечами.

29-го мая

Все эти дни я ни разу не отступил от своей системы. Княжне начинает нравиться мой разговор; я рассказал ей некоторые из странных случаев моей жизни, и она начинает видеть во мне человека необыкновенного. Я смеюсь над всем на свете, особенно над чувствами: это начинает ее пугать. Она при мне не смеет пускаться с Грушницким в сентиментальные прения и уже несколько раз отвечала на его выходки насмешливой улыбкой; но я всякий раз, как Грушницкий подходит к ней, принимаю смиренный вид и оставляю их вдвоем; в первый раз была она этому рада или старалась показать; во второй — рассердилась на меня, в третий — на Грушницкого.

— У вас очень мало самолюбия! — сказала она мне вчера. — Отчего вы думаете, что мне веселее с Грушницким?

Я отвечал, что жертвую счастию приятеля своим удовольствием...

— И моим, — прибавила она.

Я пристально посмотрел на нее и принял серьезный вид. Потом целый день не говорил с ней ни слова... Вечером она была задумчива, нынче поутру у колодца еще задумчивей; когда я подошел к ней, она рассеянно слушала Грушницкого, который, кажется, восхищался природой, но только что завидела меня, она стала хохотать (очень некстати), показывая, будто меня не примечает. Я отошел подальше и украдкой стал наблюдать за ней: она отвернулась от своего собеседника и зевнула два раза... Решительно, Грушницкий ей надоел. Еще два дня не буду с ней говорить.

3-го июня

Я часто себя спрашиваю, зачем я так упорно добиваюсь любви молоденькой девочки, которую обольстить я не хочу и на которой никогда не женюсь? К чему это женское кокетство? Вера меня любит больше, чем княжна Мери будет любить когда-нибудь; если б она мне казалась непобедимой красавицей, то, может быть, я бы завлекся трудностью предприятия... Но ничуть не бывало! Следовательно, это не та беспокойная потребность любви, которая нас мучит в первые годы молодости, бросает нас от одной женщины к другой, пока мы найдем такую, которая нас терпеть не может: тут начинается наше постоянство — истинная бесконечная страсть, которую математически можно выразить линией, падающей из точки в пространство; секрет этой бесконечности — только в невозможности достигнуть цели, то есть конца.

Из чего же я хлопочу? Из зависти к Грушницкому? Бедняжка, он вовсе ее не заслуживает. Или это следствие того скверного, но непобедимого чувства, которое заставляет нас уничтожать сладкие заблуждения ближнего, чтоб иметь мелкое удовольствие сказать ему, когда он в отчаянии будет спрашивать, чему он должен верить: «Мой друг, со мною было то же самое, и ты видишь, однако, я обедаю, ужинаю и сплю преспокойно и, надеюсь, сумею умереть без крика и слез!»

А ведь есть необъятное наслаждение в обладании молодой, едва распустившейся души! Она как цветок, которого лучший аромат испаряется навстречу первому лучу солнца; его надо сорвать в эту минуту и, подышав им досыта, бросить на дороге: авось кто-нибудь поднимет! Я чувствую в себе эту ненасытную жадность, поглощающую все, что встречается на пути; я смотрю на страдания и радости других только в отношении к себе, как на пищу, поддерживающую мои душевные силы. Сам я больше неспособен безумствовать под влиянием страсти; честолюбие у меня подавлено обстоятельствами, но оно проявилось в другом виде, ибо честолюбие есть не что иное как жажда власти, а первое мое удовольствие — подчинять моей воле все, что меня окружает; возбуждать к себе чувство любви, преданности и страха — не есть ли первый признак и величайшее торжество власти? Быть для кого-нибудь причиною страданий и радостей, не имея на то никакого положительного права, — не самая ли это сладкая пища нашей гордости? А что такое счастие? Насыщенная гордость. Если б я почитал себя лучше, могущественнее всех на свете, я был бы счастлив; если б все меня любили, я в себе нашел бы бесконечные источники любви. Зло порождает зло; первое страдание дает понятие о удовольствии мучить другого; идея зла не может войти в голову человека без того, чтоб он не захотел приложить ее к действительности: идеи — создания органические, сказал кто-то: их рождение дает уже им форму, и эта форма есть действие; тот, в чьей голове родилось больше идей, тот больше других действует; от этого гений, прикованный к чиновническому столу, должен умереть или сойти с ума, точно так же, как человек с могучим телосложением, при сидячей жизни и скромном поведении, умирает от апоплексического удара. Страсти не что иное, как идеи при первом своем развитии: они принадлежность юности сердца, и глупец тот, кто думает целую жизнь ими волноваться: многие спокойные реки начинаются шумными водопадами, а ни одна не скачет и не пенится до самого моря. Но это спокойствие часто признак великой, хотя скрытой силы; полнота и глубина чувств и мыслей не допускает бешеных порывов; душа, страдая и наслаждаясь, дает во всем себе строгий отчет и убеждается в том, что так должно; она знает, что без гроз постоянный зной солнца ее иссушит; она проникается своей собственной жизнью, — лелеет и наказывает себя, как любимого ребенка. Только в этом высшем состоянии самопознания человек может оценить правосудие божие.

Перечитывая эту страницу, я замечаю, что далеко отвлекся от своего предмета... Но что за нужда?.. Ведь этот журнал пишу я для себя, и, следовательно, все, что я в него ни брошу, будет со временем для меня драгоценным воспоминанием.

· · · · · · · · · · · · · · · · · · · ·

Пришел Грушницкий и бросился мне на шею: он произведен в офицеры. Мы выпили шампанского. Доктор Вернер вошел вслед за ним.

— Я вас не поздравляю, — сказал он Грушницкому.

— Отчего?

— Оттого, что солдатская шинель к вам очень идет, и признайтесь, что армейский пехотный мундир, сшитый здесь, на водах, не придаст вам ничего интересного... Видите ли, вы до сих пор были исключением, а теперь подойдете под общее правило.

— Толкуйте, толкуйте, доктор! вы мне не помешаете радоваться. Он не знает, — прибавил Грушницкий мне на ухо, — сколько надежд придали мне эти эполеты... О, эполеты, эполеты! ваши звездочки, путеводительные звездочки... Нет! я теперь совершенно счастлив.

— Ты идешь с нами гулять к провалу? — спросил я его.

— Я? ни за что не покажусь княжне, пока не готов будет мундир.

— Прикажешь ей объявить о твоей радости?..

— Нет, пожалуйста, не говори... Я хочу ее удивить...

— Скажи мне, однако, как твои дела с нею?

Он смутился и задумался: ему хотелось похвастаться, солгать — и было совестно, а вместе с этим было стыдно признаться в истине.

— Как ты думаешь, любит ли она тебя?

— Любит ли? Помилуй, Печорин, какие у тебя понятия!.. как можно так скоро?.. Да если даже она и любит, то порядочная женщина этого не скажет...

— Хорошо! И, вероятно, по-твоему, порядочный человек должен тоже молчать о своей страсти?..

— Эх, братец! на все есть манера; многое не говорится, а отгадывается...

— Это правда... Только любовь, которую мы читаем в глазах, ни к чему женщину не обязывает, тогда как слова... Берегись, Грушницкий, она тебя надувает...

— Она?.. — отвечал он, подняв глаза к небу и самодовольно улыбнувшись, — мне жаль тебя, Печорин!..

Он ушел.

Вечером многочисленное общество отправилось пешком к провалу.

По мнению здешних ученых, этот провал не что иное, как угасший кратер; он находится на отлогости Машука, в версте от города. К нему ведет узкая тропинка между кустарников и скал; взбираясь на гору, я подал руку княжне, и она ее не покидала в продолжение целой прогулки.

Разговор наш начался злословием: я стал перебирать присутствующих и отсутствующих наших знакомых, сначала выказывал смешные, а после дурные их стороны. Желчь моя взволновалась. Я начал шутя — и кончил искренней злостью. Сперва это ее забавляло, а потом испугало.

— Вы опасный человек! — сказала она мне, — я бы лучше желала попасться в лесу под нож убийцы, чем вам на язычок... Я вас прошу не шутя: когда вам вздумается обо мне говорить дурно, возьмите лучше нож и зарежьте меня, — я думаю, это вам не будет очень трудно.

96

— Разве я похож на убийцу?..

— Вы хуже...

Я задумался на минуту и потом сказал, приняв глубоко тронутый вид:

— Да, такова была моя участь с самого детства. Все читали на моем лице признаки дурных чувств, которых не было; но их предполагали — и они родились. Я был скромен — меня обвиняли в лукавстве: я стал скрытен. Я глубоко чувствовал добро и зло; никто меня не ласкал, все оскорбляли: я стал злопамятен; я был угрюм, — другие дети веселы и болтливы; я чувствовал себя выше их, — меня ставили ниже. Я сделался завистлив. Я был готов любить весь мир, — меня никто не понял: и я выучился ненавидеть. Моя бесцветная молодость протекала в борьбе с собой и светом; лучшие мои чувства, боясь насмешки, я хоронил в глубине сердца: они там и умерли. Я говорил правду — мне не верили: я начал обманывать; узнав хорошо свет и пружины общества, я стал искусен в науке жизни и видел, как другие без искусства счастливы, пользуясь даром теми выгодами, которых я так неутомимо добивался. И тогда в груди моей родилось отчаяние — не то отчаяние, которое лечат дулом пистолета, но холодное, бессильное отчаяние, прикрытое любезностью и добродушной улыбкой. Я сделался нравственным калекой: одна половина души моей не существовала, она высохла, испарилась, умерла, я ее отрезал и бросил, — тогда как другая шевелилась и жила к услугам каждого, и этого никто не заметил, потому что никто не знал о существовании погибшей ее половины; но вы теперь во мне разбудили воспоминание о ней, и я вам прочел ее эпитафию. Многим все вообще эпитафии кажутся смешными, но мне нет, особенно когда вспомню о том, что под ними покоится. Впрочем, я не прошу вас разделять мое мнение: если моя выходка вам кажется смешна — пожалуйста, смейтесь: предупреждаю вас, что это меня не огорчит нимало.

В эту минуту я встретил ее глаза: в них бегали слезы; рука ее, опираясь на мою, дрожала; щеки пылали; ей было жаль меня! Сострадание — чувство, которому покоряются так легко все женщины, впустило свои когти в ее неопытное сердце. Во все время прогулки она была рассеянна, ни с кем не кокетничала, — а это великий признак!

Мы пришли к привалу; дамы оставили своих кавалеров, но она не покидала руки моей. Остроты здешних денди ее не смешили; крутизна обрыва, у которого она стояла, ее не пугала, тогда как другие барышни пищали и закрывали глаза.

На возвратном пути я не возобновлял нашего печального разговора; но на пустые мои вопросы и шутки она отвечала коротко и рассеянно.

— Любили ли вы? — спросил я ее наконец.

Она посмотрела на меня пристально, покачала головой — и опять впала в задумчивость: явно было, что ей хотелось что-то сказать, но она не знала, с чего начать; ее грудь волновалась... Как быть! кисейный рукав слабая защита, и электрическая искра пробежала из моей руки в ее руку; все почти страсти начинаются так, и мы часто себя очень обманываем, думая, что нас женщина любит за наши физические или нравственные достоинства; конечно, они приготовляют ее сердце к принятию священного огня, а все-таки первое прикосновение решает дело.

— Не правда ли, я была очень любезна сегодня? — сказала мне княжна с принужденной улыбкой, когда мы возвратились с гулянья.

Мы расстались.

Она недовольна собой: она себя обвиняет в холодности... о, это первое, главное торжество! Завтра она захочет вознаградить меня. Я все это уж знаю наизусть — вот что скучно!

4-го июня

Нынче я видел Веру. Она замучила меня своею ревностью. Княжна вздумала, кажется, ей поверять свои сердечные тайны: надо признаться, удачный выбор!

— Я отгадываю, к чему все это клонится, — говорила мне Вера, — лучше скажи мне просто теперь, что ты ее любишь.

— Но если я ее не люблю?

— То зачем же ее преследовать, тревожить, волновать ее воображение?.. О, я тебя хорошо знаю! Послушай, если ты хочешь, чтоб я тебе верила, то приезжай через неделю в Кисловодск; послезавтра мы переезжаем туда. Княгиня остается здесь дольше. Найми квартиру рядом; мы будем жить в большом доме близ источника, в мезонине; внизу княгиня Лиговская, а рядом есть дом того же хозяина, который еще не занят... Приедешь?..

Я обещал — и тот же день послал занять эту квартиру.

Грушницкий пришел ко мне в шесть часов вечера и объявил, что завтра будет готов его мундир, как раз к балу.

— Наконец я буду с нею танцевать целый вечер... Вот наговорюсь! — прибавил он.

— Когда же бал?

— Да завтра! Разве не знаешь? Большой праздник, и здешнее начальство взялось его устроить...

— Пойдем на бульвар...

— Ни за что, в этой гадкой шинели...

— Как, ты ее разлюбил?..

Я ушел один и, встретив княжну Мери, позвал ее на мазурку. Она казалась удивлена и обрадована.

— Я думала, что вы танцуете только по необходимости, как прошлый раз, — сказала она, очень мило улыбаясь...

Она, кажется, вовсе не замечает отсутствия Грушницкого.

— Вы будете завтра приятно удивлены, — сказал я ей.

— Чем?

— Это секрет... на бале вы сами догадаетесь.

Я окончил вечер у княгини; гостей не было, кроме Веры и одного презабавного старичка. Я был в духе, импровизировал разные необыкновенные истории; княжна сидела против меня и слушала мой вздор с таким глубоким, напряженным, даже нежным вниманием, что мне стало совестно. Куда девалась ее живость, ее кокетство, ее капризы, ее дерзкая мина, презрительная улыбка, рассеянный взгляд?..

Вера все это заметила: на ее болезненном лице изображалась глубокая грусть; она сидела в тени у окна, погружаясь в широкие кресла... Мне стало жаль ее...

Тогда я рассказал всю драматическую историю нашего знакомства с нею, нашей любви, — разумеется, прикрыв все это вымышленными именами.

Я так живо изобразил мою нежность, мои беспокойства, восторги; я в таком выгодном свете выставил ее поступки, характер, что она поневоле должна была простить мне мое кокетство с княжной.

Она встала, подсела к нам, оживилась... и мы только в два часа ночи вспомнили, что доктора велят ложиться спать в одиннадцать.

5-го июня

За полчаса до бала явился ко мне Грушницкий полном сиянии армейского пехотного мундира. К третьей пуговице пристегнута была бронзовая цепочка, на которой висел двойной лорнет; эполеты неимоверной величины были загнуты кверху в виде крылышек амура; сапоги его скрипели; в левой руке держал он коричневые лайковые перчатки и фуражку, а правою взбивал ежеминутно в мелкие кудри завитой хохол. Самодовольствие и вместе некоторая неуверенность изображались на его лице; его праздничная наружность, его гордая походка заставили бы меня расхохотаться, если б это было согласно с моими намерениями.

Он бросил фуражку с перчатками на стол и начал обтягивать фалды и поправляться перед зеркалом; черный огромный платок, навернутый на высочайший подгалстушник, которого щетина поддерживала его подбородок, высовывался на полвершка из-за воротника; ему показалось мало: он вытащил его кверху до ушей; от этой трудной работы, ибо воротник мундира был очень узок и беспокоен, лицо его налилось кровью.

— Ты, говорят, эти дни ужасно волочился за моей княжной? — сказал он довольно небрежно и не глядя на меня.

— Где нам, дуракам, чай пить! — отвечал я ему, повторяя

любимую поговорку одного из самых ловких повес прошлого времени, воспетого некогда Пушкиным.

— Скажи-ка, хорошо на мне сидит мундир?.. Ох, проклятый жид!.. как под мышками? режет!.. Нет ли у тебя духов?

— Помилуй, чего тебе еще? от тебя и так уж несет розовой помадой...

— Ничего. Дай-ка сюда...

Он налил себе полсклянки за галстук, в носовой платок, на рукава.

— Ты будешь танцевать? — спросил он.

— Не думаю.

— Я боюсь, что мне с княжной придется начинать мазурку, — я не знаю почти ни одной фигуры...

— А ты звал ее на мазурку?

— Нет еще...

— Смотри, чтоб тебя не предупредили...

— В самом деле? — сказал он, ударив себя по лбу. — Прощай... пойду дожидаться ее у подъезда. — Он схватил фуражку и побежал.

Через полчаса и я отправился. На улице было темно и пусто; вокруг собрания или трактира, как угодно, теснился народ; окна его светились; звуки полковой музыки доносил ко мне вечерний ветер. Я шел медленно; мне было грустно... Неужели, думал я, мое единственное назначение на земле — разрушать чужие надежды? С тех пор как я живу и действую, судьба как-то всегда приводила меня к развязке чужих драм, как будто без меня никто не мог бы ни умереть, ни прийти в отчаяние! Я был необходимое лицо пятого акта; невольно я разыгрывал жалкую роль палача или предателя. Какую цель имела на это судьба?.. Уж не назначен ли я ею в сочинители мещанских трагедий и семейных романов — или в сотрудники поставщику повестей, например, для «Библиотеки для чтения»?.. Почему знать?.. Мало ли людей, начиная жизнь, думают кончить ее, как Александр Великий или лорд Байрон, а между тем целый век остаются титулярными советниками?..

Войдя в залу, я спрятался в толпе мужчин и начал делать

свои наблюдения. Грушницкий стоял возле княжны и что-то говорил с большим жаром; она его рассеянно слушала, смотрела по сторонам, приложив веер к губкам; на лице ее изображалось нетерпение, глаза ее искали кругом кого-то; я тихонько подошел сзади, чтоб подслушать их разговор.

— Вы меня мучите, княжна! — говорил Грушницкий, — вы ужасно переменились с тех пор, как я вас не видал...

— Вы также переменились, — отвечала она, бросив на него быстрый взгляд, в котором он не умел разобрать тайной насмешки.

— Я? я переменился?.. О, никогда! Вы знаете, что это невозможно! Кто видел вас однажды, тот навеки унесет с собою ваш божественный образ.

— Перестаньте...

— Отчего же вы теперь не хотите слушать того, чему еще недавно, и так часто, внимали благосклонно?..

— Потому что я не люблю повторений, — отвечала она, смеясь...

— О, я горько ошибся!.. Я думал, безумный, что по крайней мере эти эполеты дадут мне право надеяться... Нет, лучше бы мне век остаться в этой презренной солдатской шинели, которой, может быть, я обязан вашим вниманием...

— В самом деле, вам шинель гораздо более к лицу...

В это время я подошел и поклонился княжне; она немножко покраснела и быстро проговорила:

— Не правда ли, мсье Печорин, что серая шинель гораздо больше идет к мсье Грушницкому?..

— Я с вами не согласен, — отвечал я, — в мундире он еще моложавее.

Грушницкий не вынес этого удара; как все мальчики, он имеет претензию быть стариком; он думает, что на его лице глубокие следы страстей заменяют отпечаток лет. Он на меня бросил бешеный взгляд, топнул ногою и отошел прочь.

— А признайтесь, — сказал я княжне, — что хотя он всегда был очень смешон, но еще недавно он вам казался интересен... в серой шинели?..

Она потупила глаза и не отвечала.

Грушницкий целый вечер преследовал княжну, танцевал или с нею, или вис-Е-вис; он пожирал ее глазами, вздыхал и надоедал ей мольбами и упреками. После третьей кадрили она его уж ненавидела.

— Я этого не ожидал от тебя, — сказал он, подойдя ко мне и взяв меня за руку.

— Чего?

— Ты с нею танцуешь мазурку? — спросил он торжественным голосом. — Она мне призналась...

— Ну, так что ж? А разве это секрет?

— Разумеется... Я должен был этого ожидать от девчонки... от кокетки... Уж я отомщу!

— Пеняй на свою шинель или на свои эполеты, а зачем же обвинять ее? Чем она виновата, что ты ей больше не нравишься?..

— Зачем же подавать надежды?

— Зачем же ты надеялся? Желать и добиваться чего-нибудь — понимаю, а кто ж надеется?

— Ты выиграл пари — только не совсем, — сказал он, злобно улыбаясь.

Мазурка началась. Грушницкий выбирал одну только княжну, другие кавалеры поминутно ее выбирали; это явно был заговор против меня; тем лучше: ей хочется говорить со мной, ей мешают, — ей захочется вдвое более.

Я раза два пожал ее руку; во второй раз она ее выдернула, не говоря ни слова.

— Я дурно буду спать эту ночь, — сказала она мне, когда мазурка кончилась.

— Этому виноват Грушницкий.

— О нет! — И лицо ее стало так задумчиво, так грустно, что я дал себе слово в этот вечер непременно поцеловать ее руку.

Стали разъезжаться. Сажая княжну в карету, я быстро прижал ее маленькую ручку к губам своим. Было темно, и никто не мог этого видеть.

Я возвратился в залу очень доволен собой.

За большим столом ужинала молодежь, и между ними Грушницкий. Когда я вошел, все замолчали: видно, говорили обо мне. Многие с прошедшего бала на меня дуются, особенно драгунский капитан, а теперь, кажется, решительно составляется против меня враждебная шайка под командой Грушницкого. У него такой гордый и храбрый вид... Очень рад; я люблю врагов, хотя не по-христиански. Они меня забавляют, волнуют мне кровь. Быть всегда настороже, ловить каждый взгляд, значение каждого слова, угадывать намерения, разрушать заговоры, притворяться обманутым, и вдруг одним толчком опрокинуть все огромное и многотрудное здание их хитростей и замыслов, — вот что я называю жизнью.

В продолжение ужина Грушницкий шептался и перемигивался с драгунским капитаном.

6-го июня.

Нынче поутру Вера уехала с мужем в Кисловодск. Я встретил их карету, когда шел к княгине Лиговской. Она мне кивнула головой: во взгляде ее был упрек.

Кто ж виноват? зачем она не хочет дать мне случай видеться с нею наедине? Любовь, как огонь, — без пищи гаснет. Авось ревность сделает то, чего не могли мои просьбы.

Я сидел у княгини битый час. Мери не вышла, — больна. Вечером на бульваре ее не было. Вновь составившаяся шайка, вооруженная лорнетами, приняла в самом деле грозный вид. Я рад, что княжна больна: они сделали бы ей какую-нибудь дерзость. У Грушницкого растрепанная прическа и отчаянный вид; он, кажется, в самом деле огорчен, особенно самолюбие его оскорблено; но ведь есть же люди, в которых даже отчаяние забавно!..

Возвратясь домой, я заметил, что мне чего-то недостает. Я не видал ее! Она больна! Уж не влюбился ли я в самом деле?.. Какой вздор!

7-го июня

В одиннадцать часов утра — час, в который княгиня Лиговская обыкновенно потеет в Ермоловской ванне, — я шел мимо ее дома. Княжна сидела задумчиво у окна; увидев меня, вскочила.

Я вошел в переднюю; людей никого не было, и я без доклада, пользуясь свободой здешних нравов, пробрался в гостиную.

Тусклая бледность покрывала милое лицо княжны. Она стояла у фортепьяно, опершись одной рукой на спинку кресел: эта рука чуть-чуть дрожала; я тихо подошел к ней и сказал:

— Вы на меня сердитесь?..

Она подняла на меня томный, глубокий взор и покачала головой; ее губы хотели проговорить что-то — и не могли; глаза наполнились слезами; она опустилась в кресла и закрыла лицо руками.

— Что с вами? — сказал я, взяв ее руку.

— Вы меня не уважаете!.. О! Оставьте меня!..

Я сделал несколько шагов... Она выпрямилась в креслах, глаза ее засверкали...

Я остановился, взявшись за ручку двери и сказал:

— Простите меня, княжна! Я поступил как безумец... этого в другой раз не случится: я приму свои меры... Зачем вам знать то, что происходило до сих пор в душе моей! Вы этого никогда не узнаете, и тем лучше для вас. Прощайте.

Уходя, мне кажется, я слышал, что она плакала.

Я до вечера бродил пешком по окрестностям Машука, утомился ужасно и, пришедши домой, бросился на постель в совершенном изнеможении.

Ко мне зашел Вернер.

— Правда ли, — спросил он, — что вы женитесь на княжне Лиговской?

— А что?

— Весь город говорит; все мои больные заняты этой важной новостью, а уж эти больные такой народ: все знают!

«Это шутки Грушницкого!» — подумал я.

— Чтоб вам доказать, доктор, ложность этих слухов, объявляю вам по секрету, что завтра я переезжаю в Кисловодск...

— И княгиня также?..

— Нет, она остается еще на неделю здесь...

— Так вы не женитесь?..

— Доктор, доктор! посмотрите на меня: неужели я похож на жениха или на что-нибудь подобное?

— Я этого не говорю... но вы знаете, есть случаи... — прибавил он, хитро улыбаясь, — в которых благородный человек обязан жениться, и есть маменьки, которые по крайней мере не предупреждают этих случаев... Итак, я вам советую, как приятель, быть осторожнее! Здесь, на водах, преопасный воздух: сколько я видел прекрасных молодых людей, достойных лучшей участи и уезжавших отсюда прямо под венец... Даже, поверите ли, меня хотели женить! Именно одна уездная маменька, у которой дочь была очень бледна. Я имел несчастие сказать ей, что цвет лица возвратится после свадьбы; тогда она со слезами благодарности предложила мне руку своей дочери и все свое состояние — пятьдесят душ, кажется. Но я отвечал, что я к этому не способен...

Вернер ушел в полной уверенности, что он меня предостерег.

Из слов его я заметил, что про меня и княжну уж распущены в городе разные дурные слухи: это Грушницкому даром не пройдет!

10-го июня

Вот уж три дня, как я в Кисловодске. Каждый день вижу Веру у колодца и на гулянье. Утром, просыпаясь, сажусь у окна и навожу лорнет на ее балкон; она давно уж одета и ждет условного знака; мы встречаемся, будто нечаянно, в саду, который от наших домов спускается к колодцу. Живительный горный воздух возвратил ей цвет лица и силы. Недаром Нарзан называется богатырским ключом. Здешние жители утверждают, что воздух Кисловодска располагает к любви, что здесь бывают развязки всех романов, которые когда-либо начинались у подошвы Машука. И в самом деле, здесь все дышит уединением; здесь все таинственно — и густые сени

106

липовых аллей, склоняющихся над потоком, который с шумом и пеною, падая с плиты на плиту, прорезывает себе путь между зеленеющими горами, и ущелья, полные мглою и молчанием, которых ветви разбегаются отсюда во все стороны, и свежесть ароматического воздуха, отягощенного испарениями высоких южных трав и белой акации, и постоянный, сладостно-усыпительный шум студеных ручьев, которые, встретясь в конце долины, бегут дружно взапуски и наконец кидаются в Подкумок. С этой стороны ущелье шире и превращается в зеленую лощину; по ней вьется пыльная дорога. Всякий раз, как я на нее взгляну, мне все кажется, что едет карета, а из окна кареты выглядывает розовое личико. Уж много карет проехало по этой дороге, — а той все нет. Слободка, которая за крепостью, населилась; в ресторации, построенной на холме, в нескольких шагах от моей квартиры, начинают мелькать вечером огни сквозь двойной ряд тополей; шум и звон стаканов раздается до поздней ночи.

Нигде так много не пьют кахетинского вина и минеральной воды, как здесь.

> Но смешивать два эти ремесла
> Есть тьма охотников — я не из их числа.

Грушницкий с своей шайкой бушует каждый день в трактире и со мной почти не кланяется.

Он только вчера приехал, а успел уже поссориться с тремя стариками, которые хотели прежде его сесть в ванну: решительно — несчастия развивают в нем воинственный дух.

11-го июня

Наконец они приехали. Я сидел у окна, когда услышал стук их кареты: у меня сердце вздрогнуло... Что же это такое? Неужто я влюблен? Я так глупо создан, что этого можно от меня ожидать.

Я у них обедал. Княгиня на меня смотрит очень нежно и не

отходит от дочери... плохо! Зато Вера ревнует меня к княжне: добился же я этого благополучия! Чего женщина не сделает, чтоб огорчить соперницу! Я помню, одна меня полюбила за то, что я любил другую. Нет ничего парадоксальнее женского ума; женщин трудно убедить в чем-нибудь, надо их довести до того, чтоб они убедили себя сами; порядок доказательств, которыми они уничтожают свои предупреждения, очень оригинален; чтоб выучиться их диалектике, надо опрокинуть в уме своем все школьные правила логики. Например, способ обыкновенный:

Этот человек любит меня, но я замужем: следовательно, не должна его любить.

Способ женский:

Я не должна его любить, ибо я замужем; но он меня любит, — следовательно...

Тут несколько точек, ибо рассудок уже ничего не говорит, а говорят большею частью: язык, глаза и вслед за ними сердце, если оно имеется.

Что, если когда-нибудь эти записки попадут на глаза женщине? «Клевета!» — закричит она с негодованием.

С тех пор, как поэты пишут и женщины их читают (за что им глубочайшая благодарность), их столько раз называли ангелами, что они в самом деле, в простоте душевной, поверили этому комплименту, забывая, что те же поэты за деньги величали Нерона полубогом...

Не кстати было бы мне говорить о них с такою злостью, — мне, который, кроме их, на свете ничего не любил, — мне, который всегда готов был им жертвовать спокойствием, честолюбием, жизнию... Но ведь я не в припадке досады и оскорбленного самолюбия стараюсь сдернуть с них то волшебное покрывало, сквозь которое лишь привычный взор проникает. Нет, все, что я говорю о них, есть только следствие

Ума холодных наблюдений
И сердца горестных замет.

Женщины должны бы желать, чтоб все мужчины их так же

108

хорошо знали, как я, потому что я люблю их во сто раз больше с тех пор, как их не боюсь и постиг их мелкие слабости.

Кстати: Вернер намедни сравнил женщин с заколдованным лесом, о котором рассказывает Тасс в своем «Освобожденном Ерусалиме». «Только приступи, — говорил он, — на тебя полетят со всех сторон такие страхи, что боже упаси: долг, гордость, приличие... Надо только не смотреть, а идти прямо, — мало-помалу чудовища исчезают, и открывается пред тобой тихая и светлая поляна, среди которой цветет зеленый мирт. Зато беда, если на первых шагах сердце дрогнет и обернешься назад!»

12-го июня

Сегодняшний вечер был обилен происшествиями. Верстах в трех от Кисловодска, в ущелье, где протекает Подкумок, есть скала, называемая Кольцом; это — ворота, образованные природой; они подымаются на высоком холме, и заходящее солнце сквозь них бросает на мир свой последний пламенный взгляд. Многочисленная кавалькада отправилась туда посмотреть на закат солнца сквозь каменное окошко. Никто из нас, по правде сказать, не думал о солнце. Я ехал возле княжны; возвращаясь домой, надо было переезжать Подкумок вброд. Горные речки, самые мелкие, опасны, особенно тем, что дно их — совершенный калейдоскоп: каждый день от напора волн оно изменяется; где был вчера камень, там нынче яма. Я взял под уздцы лошадь княжны и свел ее в воду, которая не была выше колен; мы тихонько стали подвигаться наискось против течения. Известно, что, переезжая быстрые речки, не должно смотреть на воду, ибо тотчас голова закружится. Я забыл об этом предварить княжну Мери.

Мы были уж на середине, в самой быстрине, когда она вдруг на седле покачнулась. «Мне дурно!» — проговорила она слабым голосом... Я быстро наклонился к ней, обвил рукою ее гибкую талию. «Смотрите наверх! — шепнул я ей, — это ничего, только не бойтесь; я с вами».

Ей стало лучше; она хотела освободиться от моей руки, но я еще крепче обвил ее нежный мягкий стан; моя щека почти касалась ее щеки; от нее веяло пламенем.

— Что вы со мною делаете? Боже мой!..

Я не обращал внимания на ее трепет и смущение, и губы мои коснулись ее нежной щечки; она вздрогнула, но ничего не сказала; мы ехали сзади; никто не видал. Когда мы выбрались на берег, то все пустились рысью. Княжна удержала свою лошадь; я остался возле нее; видно было, что ее беспокоило мое молчание, но я поклялся не говорить ни слова — из любопытства. Мне хотелось видеть, как она выпутается из этого затруднительного положения.

— Или вы меня презираете, или очень любите! — *сказала она наконец голосом, в котором были слезы.* — Может быть, вы хотите посмеяться надо мной, возмутить мою душу и потом оставить... Это было бы так подло, так низко, что одно предположение... о нет! не правда ли, — *прибавила она голосом нежной доверенности,* — не правда ли, во мне нет ничего такого, что бы исключало уважение? Ваш дерзкий поступок... я должна, я должна вам его простить, потому что позволила... Отвечайте, говорите же, я хочу слышать ваш голос!.. — *В последних словах было такое женское нетерпение, что я невольно улыбнулся; к счастию, начинало смеркаться. Я ничего не отвечал.*

— Вы молчите? — *продолжала она,* — вы, может быть, хотите, чтоб я первая вам сказала, что я вас люблю?..

Я молчал...

— Хотите ли этого? — *продолжала она, быстро обратясь ко мне... В решительности ее взора и голоса было что-то страшное...*

— Зачем? — *отвечал я, пожав плечами.*

Она ударила хлыстом свою лошадь и пустилась во весь дух по узкой, опасной дороге; это произошло так скоро, что я едва мог ее догнать, и то, когда она уж она присоединилась к остальному обществу. До самого дома она говорила и смеялась поминутно. В ее движениях было что-то *лихорадочное; На меня не взглянула ни разу. Все заметили эту необыкновенную* веселость. И княгиня внутренно радовалось, глядя на свою дочку; а у дочки просто нервический припадок: она проведет ночь без сна и будет плакать. Эта мысль мне доставляет необъятное наслаждение: есть минуты, когда я понимаю Вампира... А еще слыву добрым малым и добиваюсь этого названия!

Слезши с лошадей, дамы вошли к княгине; я был взволнован и поскакал в горы развеять мысли, толпившиеся в голове моей. Росистый вечер дышал упоительной прохладой. Луна подымалась из-за темных вершин. Каждый шаг моей некованой лошади глухо раздавался в молчании ущелий; у водопада я напоил коня, жадно вдохнул в себя раза два свежий воздух южной ночи и пустился в обратный путь. Я ехал через слободку. Огни начинали угасать в окнах; часовые на валу крепости и казаки на окрестных пикетах протяжно перекликались...

В одном из домов слободки, построенном на краю обрыва, заметил я чрезвычайное освещение; по временам раздавался нестройный говор и крики, изобличавшие военную пирушку. Я слез и подкрался к окну; неплотно притворенный ставень позволил мне видеть пирующих и расслышать их слова. Говорили обо мне.

Драгунский капитан, разгоряченный вином, ударил по столу кулаком, требуя внимания.

— Господа! — сказал он, — это ни на что не похоже. Печорина надо проучить! Эти петербургские слетки всегда зазнаются, пока их не ударишь по носу! Он думает, что он только один и жил в свете, оттого что носит всегда чистые перчатки и вычищенные сапоги.

— И что за надменная улыбка! А я уверен между тем, что он трус, — да, трус!

— Я думаю тоже, — сказал Грушницкий. — Он любит отшучиваться. Я раз ему таких вещей наговорил, что другой бы меня изрубил на месте, а Печорин все обратил в смешную сторону. Я, разумеется, его не вызвал, потому что это было его дело; да не хотел и связываться...

111

— Грушницкий на него зол за то, что он отбил у него княжну, — сказал кто-то.

— Вот еще что вздумали! Я, правда, немножко волочился за княжной, да и тотчас отстал, потому что не хочу жениться, а компрометировать девушку не в моих правилах.

— Да я вас уверяю, что он первейший трус, то есть Печорин, а не Грушницкий, — о, Грушницкий молодец, и притом он мой истинный друг! — сказал опять драгунский капитан. — Господа! никто здесь его не защищает? Никто? тем лучше! Хотите испытать его храбрость? Это нас позабавит...

— Хотим; только как?

— А вот слушайте: Грушницкий на него особенно сердит — ему первая роль! Он придерется к какой-нибудь глупости и вызовет Печорина на дуэль... Погодите; вот в этом-то и штука... Вызовет на дуэль: хорошо! Все это — вызов, приготовления, условия — будет как можно торжественнее и ужаснее, — я за это берусь; я буду твоим секундантом, мой бедный друг! Хорошо! Только вот где закорючка: в пистолеты мы не положим пуль. Уж я вам отвечаю, что Печорин струсит — на шести шагах их поставлю, черт возьми! Согласны ли, господа?

— Славно придумано! согласны! почему же нет? — раздалось со всех сторон.

— А ты, Грушницкий?

Я с трепетом ждал ответ Грушницкого; холодная злость овладела мною при мысли, что если б не случай, то я мог бы сделаться посмешищем этих дураков. Если б Грушницкий не согласился, я бросился б ему на шею. Но после некоторого молчания он встал с своего места, протянул руку капитану и сказал очень важно: «Хорошо, я согласен».

Трудно описать восторг всей честной компании.

Я вернулся домой, волнуемый двумя различными чувствами. Первое было грусть. «За что они все меня ненавидят? — думал я. — За что? Обидел ли я кого-нибудь? Нет. Неужели я принадлежу к числу тех людей, которых один вид уже порождает недоброжелательство?» И я чувствовал, что ядовитая злость мало-помалу наполняла мою душу. «Берегись, господин Грушницкий! — говорил я, прохаживаясь взад и вперед по комнате. — Со мной этак не шутят. Вы дорого можете заплатить за одобрение ваших глупых товарищей. Я вам не игрушка!..»

Я не спал всю ночь. К утру я был желт, как померанец.

Поутру я встретил княжну у колодца.

— Вы больны? — сказала она, пристально посмотрев на меня.

— Я не спал ночь.

— И я также... я вас обвиняла... может быть, напрасно? Но объяснитесь, я могу вам простить все...

— Все ли?..

— Все... только говорите правду... только скорее... Видите ли, я много думала, старалась объяснить, оправдать ваше поведение; может быть, вы боитесь препятствий со стороны моих родных... это ничего; когда они узнают... (ее голос задрожал) я их упрошу. Или ваше собственное положение... но знайте, что я всем могу пожертвовать для того, которого люблю... О, отвечайте скорее, сжальтесь... Вы меня не презираете, не правда ли? Она схватила меня за руки. Княгиня шла впереди нас с мужем Веры и ничего не видала; но нас могли видеть гуляющие больные, самые любопытные сплетники из всех любопытных, и я быстро освободил свою руку от ее страстного пожатия.

— Я вам скажу всю истину, — отвечал я княжне, — не буду оправдываться, ни объяснять своих поступков; я вас не люблю...

Ее губы слегка побледнели...

— Оставьте меня, — сказала она едва внятно.

Я пожал плечами, повернулся и ушел.

14-го июня

Я иногда себя презираю... не оттого ли я презираю и других?.. Я стал не способен к благородным порывам; я боюсь показаться смешным самому себе. Другой бы на моем месте предложил княжне son coeur et sa fortune;[21] но надо мною слово жениться имеет какую-то волшебную власть: как бы страстно я ни любил женщину, если она мне даст только почувствовать, что я должен на ней жениться, — прости любовь! мое сердце превращается в камень, и ничто его не разогреет снова. Я готов на все жертвы, кроме этой; двадцать раз жизнь свою, даже честь поставлю на карту... но свободы моей не продам. Отчего я так дорожу ею? что мне в ней?.. куда я себя готовлю? чего я жду от будущего?.. Право, ровно ничего. Это какой-то врожденный страх, неизъяснимое предчувствие... Ведь есть люди, которые безотчетно боятся пауков, тараканов, мышей... Признаться ли?.. Когда я был еще ребенком, одна старуха гадала про меня моей матери; она мне предсказала мне смерть от злой жены; это меня тогда глубоко поразило; в душе моей родилось непреодолимое отвращение к женитьбе... Между тем что-то мне говорит, что ее предсказание сбудется; по крайней мере буду стараться, чтоб оно сбылось как можно позже.

15-го июня

Вчера приехал сюда фокусник Апфельбаум. На дверях ресторации явилась длинная афишка, извещающая почтеннейшую публику о том, что вышеименованный удивительный фокусник, акробат, химик и оптик будет иметь честь дать великолепное представление сегодняшнего числа в восемь часов вечера, в зале Благородного собрания (иначе — в ресторации); билеты по два рубля с полтиной.

Все собираются идти смотреть удивительного фокусника; даже княгиня Лиговская, несмотря на то, что дочь ее больна, взяла для себя билет.

Нынче после обеда я шел мимо окон Веры; она сидела на балконе одна; к ногам моим упала записка:

«Сегодня в десятом часу вечера приходи ко мне по

---

[21] руку и сердце (франц.).

большой лестнице; муж мой уехал в Пятигорск и завтра утром только вернется. Моих людей и горничных не будет в доме: я им всем раздала билеты, также и людям княгини. — Я жду тебя; приходи непременно».

«А-га! — подумал я, — наконец-таки вышло по-моему».

В восемь часов пошел я смотреть фокусника. Публика собралась в исходе девятого; представление началось. В задних рядах стульев узнал я лакеев и горничных Веры и княгини. Все были тут наперечет. Грушницкий сидел в первом ряду с лорнетом. Фокусник обращался к нему всякий раз, как ему нужен был носовой платок, часы, кольцо и прочее.

Грушницкий мне не кланяется уже несколько времени, а нынче раза два посмотрел на меня довольно дерзко. Все это ему припомнится, когда нам придется расплачиваться.

В исходе десятого я встал и вышел.

На дворе было темно, хоть глаз выколи. Тяжелые, холодные тучи лежали на вершинах окрестных гор: лишь изредка умирающий ветер шумел вершинами тополей, окружающих ресторацию; у окон ее толпился народ. Я спустился с горы, и повернув в ворота, прибавил шагу. Вдруг мне показалось, что кто-то идет за мной. Я остановился и осмотрелся. В темноте ничего нельзя было разобрать; однако я из осторожности обошел, будто гуляя, вокруг дома. Проходя мимо окон княжны, я услышал снова шаги за собою; человек, завернутый в шинель, пробежал мимо меня. Это меня встревожило; однако я прокрался к крыльцу и поспешно взбежал на темную лестницу. Дверь отворилась; маленькая ручка схватила мою руку...

— Никто тебя не видал? — сказала шепотом Вера, прижавшись ко мне.

— Никто!

— Теперь ты веришь ли, что я тебя люблю? О, я долго колебалась, долго мучилась... но ты из меня делаешь все, что хочешь.

Ее сердце сильно билось, руки были холодны как лед. Начались упреки ревности, жалобы, — она требовала от меня, чтоб я ей во всем признался, говоря, что она с покорностью перенесет мою измену, потому что хочет единственно моего счастия. Я этому не совсем верил, но успокоил ее клятвами, обещаниями и прочее.

— Так ты не женишься на Мери? не любишь ее?.. А она думает... знаешь ли, она влюблена в тебя до безумия, бедняжка!..

. . . .

Около двух часов пополуночи я отворил окно и, связав две шали, спустился с верхнего балкона на нижний, придерживаясь за колонну. У княжны еще горел огонь. Что-то меня толкнуло к этому окну. Занавес был не совсем задернут, и я мог бросить любопытный взгляд во внутренность комнаты. Мери сидела на своей постели, скрестив на коленях руки; ее густые волосы были собраны под ночным чепчиком, обшитым кружевами; большой пунцовый платок покрывал ее белые плечики, ее маленькие ножки прятались в пестрых персидских туфлях. Она сидела неподвижно, опустив голову на грудь; пред нею на столике была раскрыта книга, но глаза ее, неподвижные и полные неизъяснимой грусти, казалось, в сотый раз пробегали одну и ту же страницу, тогда как мысли ее были далеко...

В эту минуту кто-то шевельнулся за кустом. Я спрыгнул с балкона на дерн. Невидимая рука схватила меня за плечо.

— Ага! — сказал грубый голос, — попался!.. будешь у меня к княжнам ходить ночью!..

— Держи его крепче! — закричал другой, выскочивший из-за угла.

Это были Грушницкий и драгунский капитан.

Я ударил последнего по голове кулаком, сшиб его с ног и бросился в кусты. Все тропинки сада, покрывавшего отлогость против наших домов, были мне известны.

— Воры! караул!.. — кричали они; раздался ружейный выстрел; дымящийся пыж упал почти к моим ногам.

Через минуту я был уже в своей комнате, разделся и лег.

116

Едва мой лакей запер дверь на замок, как ко мне начали стучаться Грушницкий и капитан.

— Печорин! вы спите? здесь вы?.. — закричал капитан.

— Вставайте! — воры... черкесы...

— У меня насморк, — отвечал я, — боюсь простудиться.

Они ушли. Напрасно я им откликнулся: они б еще с час проискали меня в саду. Тревога между тем сделалась ужасная. Из крепости прискакал казак. Все зашевелилось; стали искать черкесов во всех кустах — и, разумеется, ничего не нашли. Но многие, вероятно, остались в твердом убеждении, что если б гарнизон показал более храбрости и поспешности, то по крайней мере десятка два хищников остались бы на месте.

16-го июня.

Нынче поутру у колодца только и было толков, что о ночном нападении черкесов. Выпивши положенное число стаканов нарзана, пройдясь раз десять по длинной липовой аллее, я встретил мужа Веры, который только что приехал из Пятигорска. Он взял меня под руку, и мы пошли в ресторацию завтракать; он ужасно беспокоился о жене. «Как она перепугалась нынче ночью! — говорил он, — ведь надобно ж, чтоб это случилось именно тогда, как я в отсутствии». Мы уселись завтракать возле двери, ведущей в угловую комнату, где находилось человек десять молодежи, в числе которых был и Грушницкий. Судьба вторично доставила мне случай подслушать разговор, который должен был решить его участь. Он меня не видал, и, следственно, я не мог подозревать умысла; но это только увеличивало его вину в моих глазах.

— Да неужели в самом деле это были черкесы? — сказал кто-то, — видел ли их кто-нибудь?

— Я вам расскажу всю историю, — отвечал Грушницкий, — только, пожалуйста, не выдавайте меня; вот как это было: вчерась один человек, которого я вам не назову, приходит ко мне и рассказывает, что видел в десятом часу вечера, как кто-то прокрался в дом к Лиговским. Надо вам заметить, что княгиня была здесь, а княжна дома. Вот мы с ним и отправились под окна, чтоб подстеречь счастливца.

Признаюсь, я испугался, хотя мой собеседник очень был

занят своим завтраком: он мог услышать вещи для себя довольно неприятные, если б неравно Грушницкий отгадал истину; но ослепленный ревностью, он и не подозревал ее.

— Вот видите ли, — продолжал Грушницкий, — мы и отправились, взявши с собой ружье, заряженное холостым патроном, только так, чтобы попугать. До двух часов ждали в саду. Наконец — уж бог знает откуда он явился, только не из окна, потому что оно не отворялось, а должно быть, он вышел в стеклянную дверь, что за колонной, — наконец, говорю я, видим мы, сходит кто-то с балкона... Какова княжна? а? Ну, уж признаюсь, московские барышни! после этого чему же можно верить? Мы хотели его схватить, только он вырвался и, как заяц, бросился в кусты; тут я по нем выстрелил.

Вокруг Грушницкого раздался ропот недоверчивости.

— Вы не верите? — продолжал он, — даю вам честное, благородное слово, что все это сущая правда, и в доказательство я вам, пожалуй, назову этого господина.

— Скажи, скажи, кто ж он! — раздалось со всех сторон.

— Печорин, — отвечал Грушницкий.

В эту минуту он поднял глаза — я стоял в дверях против него; он ужасно покраснел. Я подошел к нему и сказал медленно и внятно:

— Мне очень жаль, что я вошел после того, как вы уж дали честное слово в подтверждение самой отвратительной клеветы. Мое присутствие избавило бы вас от лишней подлости.

Грушницкий вскочил с своего места и хотел разгорячиться.

— Прошу вас, — продолжал я тем же тоном, — прошу вас сейчас же отказаться от ваших слов; вы очень хорошо знаете, что это выдумка. Я не думаю, чтобы равнодушие женщины к вашим блестящим достоинствам заслуживало такое ужасное мщение. Подумайте хорошенько: поддерживая ваше мнение, вы теряете право на имя благородного человека и рискуете жизнью.

Грушницкий стоял передо мною, опустив глаза, в сильном волнении. Но борьба совести с самолюбием была непродолжительна. Драгунский капитан, сидевший возле него, толкнул его локтем; он вздрогнул и быстро отвечал мне, не поднимая глаз:

— Милостивый государь, когда я что говорю, так я это думаю и готов повторить... Я не боюсь ваших угроз и готов на все...

— Последнее вы уж доказали, — отвечал я ему холодно и, взяв под руку драгунского капитана, вышел из комнаты.

— Что вам угодно? — спросил капитан.

— Вы приятель Грушницкого — и, вероятно, будете его секундантом?

Капитан поклонился очень важно.

— Вы отгадали, — отвечал он, — я даже обязан быть его секундантом, потому что обида, нанесенная ему, относится и ко мне: я был с ним вчера ночью, — прибавил он, выпрямляя свой сутуловатый стан.

— А! так это вас ударил я так неловко по голове?

Он пожелтел, посинел; скрытая злоба изобразилась на лице его.

— Я буду иметь честь прислать к вам нониче моего секунданта, — прибавил я, раскланявшись очень вежливо и показывая вид, будто не обращаю внимания на его бешенство.

На крыльце ресторации я встретил мужа Веры. Кажется, он меня дожидался.

Он схватил мою руку с чувством, похожим на восторг.

— Благородный молодой человек! — сказал он, с слезами на глазах. — Я все слышал. Экой мерзавец! неблагодарный!.. Принимай их после этого в порядочный дом! Слава богу, у меня нет дочерей! Но вас наградит та, для которой вы рискуете жизнью. Будьте уверены в моей скромности до поры до времени, — продолжал он. — Я сам был молод и служил в военной службе: знаю, что в эти дела не должно вмешиваться. Прощайте.

Бедняжка! радуется, что у него нет дочерей...

Я пошел прямо к Вернеру, застал его дома и рассказал ему все — отношения мои к Вере и княжне и разговор, подслушанный мною, из которого я узнал намерение этих господ подурачить меня, заставив стреляться холостыми

119

зарядами. Но теперь дело выходило их границ шутки: они, вероятно, не ожидали такой развязки. Доктор согласился быть моим секундантом; я дал ему несколько наставлений насчет условий поединка; он должен был настоять на том, чтобы дело обошлось как можно секретнее, потому что хотя я когда угодно готов подвергать себя смерти, но нимало не расположен испортить навсегда свою будущность в здешнем мире.

После этого я пошел домой. Через час доктор вернулся из своей экспедиции.

— Против вас точно есть заговор, — сказал он. — Я нашел у Грушницкого драгунского капитана и еще одного господина, которого фамилии не помню. Я на минуту остановился в передней, чтоб снять галоши. У них был ужасный шум и спор... «Ни за что не соглашусь! — говорил Грушницкий, — он меня оскорбил публично; тогда было совсем другое...» — «Какое тебе дело? — отвечал капитан, — я все беру на себя. Я был секундантом на пяти дуэлях и уж знаю, как это устроить. Я все придумал. Пожалуйста, только мне не мешай. Постращать не худо. А зачем подвергать себя опасности, если можно избавиться?..» В эту минуту я взошел. Они замолчали. Переговоры наши продолжались довольно долго; наконец мы решили дело вот как: верстах в пяти отсюда есть глухое ущелье; они туда поедут завтра в четыре часа утра, а мы выедем полчаса после них; стреляться будете на шести шагах — этого требовал Грушницкий. Убитого — на счет черкесов. Теперь вот какие у меня подозрения: они, то есть секунданты, должно быть, несколько переменили свой прежний план и хотят зарядить пулею один пистолет Грушницкого. Это немножко похоже на убийство, но в военное время, и особенно в азиатской войне, хитрости позволяются; только Грушницкий, кажется, поблагороднее своих товарищей. Как вы думаете? Должны ли мы показать им, что догадались?

— Ни за что на свете, доктор! будьте спокойны, я им не поддамся.

— Что же вы хотите делать?

— Это моя тайна.

— Смотрите не попадитесь... ведь на шести шагах!

— Доктор, я вас жду завтра в четыре часа; лошади будут готовы... Прощайте.

Я до вечера просидел дома, запершись в своей комнате. Приходил лакей звать меня к княгине, — я велел сказать, что болен.

. . . .

Два часа ночи... не спится... А надо бы заснуть, чтоб завтра рука не дрожала. Впрочем, на шести шагах промахнуться трудно. А! господин Грушницкий! ваша мистификация вам не удастся... мы поменяемся ролями: теперь мне придется отыскивать на вашем бледном лице признаки тайного страха. Зачем вы сами назначили эти роковые шесть шагов? Вы думаете, что я вам без спора подставлю свой лоб... но мы бросим жребий!.. и тогда... тогда... что, если его счастье перетянет? если моя звезда наконец мне изменит?.. И не мудрено: она так долго служила верно моим прихотям; на небесах не более постоянства, чем на земле.

Что ж? умереть так умереть! потеря для мира небольшая; да и мне самому порядочно уж скучно. Я — как человек, зевающий на бале, который не едет спать только потому, что еще нет его кареты. Но карета готова... прощайте!..

Пробегаю в памяти все мое прошедшее и спрашиваю себя невольно: зачем я жил? для какой цели я родился?.. А, верно, она существовала, и, верно, было мне назначение высокое, потому что я чувствую в душе моей силы необъятные... Но я не угадал этого назначения, я увлекся приманками страстей пустых и неблагодарных; из горнила их я вышел тверд и холоден, как железо, но утратил навеки пыл благородных стремлений — лучший свет жизни. И с той поры сколько раз уже я играл роль топора в руках судьбы! Как орудие казни, я упадал на голову обреченных жертв, часто без злобы, всегда без сожаления... Моя любовь никому не принесла счастья, потому что я ничем не жертвовал для тех, кого любил: я любил для себя, для собственного удовольствия: я только удовлетворял странную потребность сердца, с жадностью поглощая их чувства, их радости и страданья — и никогда не мог насытиться. Так, томимый голодом в изнеможении засыпает и видит перед собой роскошные кушанья и шипучие вина; он пожирает с восторгом воздушные дары воображения, и ему кажется легче; но только проснулся — мечта исчезает... остается удвоенный голод и отчаяние!

И, может быть, я завтра умру!.. и не останется на земле ни одного существа, которое бы поняло меня совершенно. Одни почитают меня хуже, другие лучше, чем я в самом деле... Одни скажут: он был добрый малый, другие — мерзавец. И то и другое будет ложно. После этого стоит ли труда жить? а все живешь — из любопытства: ожидаешь чего-то нового... Смешно и досадно!

Вот уже полтора месяца, как я в крепости N; Максим Максимыч ушел на охоту... я один; сижу у окна; серые тучи закрыли горы до подошвы; солнце сквозь туман кажется желтым пятном. Холодно; ветер свищет и колеблет ставни... Скучно! Стану продолжать свой журнал, прерванный столькими странными событиями.

Перечитываю последнюю страницу: смешно! Я думал умереть; это было невозможно: я еще не осушил чаши страданий, и теперь чувствую, что мне еще долго жить.

Как все прошедшее ясно и резко отлилось в моей памяти! Ни одной черты, ни одного оттенка не стерло время!

Я помню, что в продолжение ночи, предшествовавшей поединку, я не спал ни минуты. Писать я не мог долго: тайное беспокойство мною овладело. С час я ходил по комнате; потом сел и открыл роман Вальтера Скотта, лежавший у меня на столе: то были «Шотландские пуритане» я читал сначала с усилием, потом забылся, увлеченный волшебным вымыслом... Неужели шотландскому барду на том свете не платят за каждую отрадную минуту, которую дарит его книга?..

Наконец рассвело. Нервы мои успокоились. Я посмотрелся в зеркало; тусклая бледность покрывала лицо мое, хранившее следы мучительной бессонницы; но глаза, хотя окруженные коричневою тенью, блистали гордо и неумолимо. Я остался доволен собою.

Велев седлать лошадей, я оделся и сбежал к купальне. Погружаясь в холодный кипяток нарзана, я чувствовал, как телесные и душевные силы мои возвращались. Я вышел из ванны свеж и бодр, как будто собирался на бал. После этого говорите, что душа не зависит от тела!..

Возвратясь, я нашел у себя доктора. На нем были серые рейтузы, архалук и черкесская шапка. Я расхохотался, увидев эту маленькую фигурку под огромной косматой шапкой: у него лицо вовсе не воинственное, а в этот раз оно было еще длиннее обыкновенного.

— Отчего вы так печальны, доктор? — сказал я ему. — Разве вы сто раз не провожали людей на тот свет с величайшим равнодушием? Вообразите, что у меня желчная горячка; я могу выздороветь, могу и умереть; то и другое в порядке вещей; старайтесь смотреть на меня, как на пациента, одержимого болезнью, вам еще неизвестной, — и тогда ваше любопытство возбудится до высшей степени; вы можете надо мною сделать теперь несколько важных физиологических наблюдений... Ожидание насильственной смерти не есть ли уже настоящая болезнь?

Эта мысль поразила доктора, и он развеселился.

Мы сели верхом; Вернер уцепился за поводья обеими руками, и мы пустились, — мигом проскакали мимо крепости через слободку и въехали в ущелье, по которому вилась дорога, полузаросшая высокой травой и ежеминутно пересекаемая шумным ручьем, через который нужно было переправляться вброд, к великому отчаянию доктора, потому что лошадь его каждый раз в воде останавливалась.

Я не помню утра более голубого и свежего! Солнце едва выказалось из-за зеленых вершин, и слияние теплоты его лучей с умирающей прохладой ночи наводило на все чувства какое-то сладкое томление; в ущелье не проникал еще радостный луч молодого дня; он золотил только верхи утесов, висящих с обеих сторон над нами; густолиственные кусты, растущие в их глубоких трещинах, при малейшем дыхании ветра осыпали нас серебряным дождем. Я помню — в этот раз, больше чем когда-нибудь прежде, я любил природу. Как любопытно

123

всматриваться каждую росинку, трепещущую на широком листке виноградном и отражавшую миллионы радужных лучей! как жадно взор мой старался проникнуть в дымную даль! Там путь все становился уже, утесы синее и страшнее, и, наконец, они, казалось, сходились непроницаемою стеной. Мы ехали молча.

— Написали ли вы свое завещание? — вдруг спросил Вернер.

— Нет.

— А если будете убиты?..

— Наследники отыщутся сами.

— Неужели у вас нет друзей, которым бы вы хотели послать свое последнее прости?..

Я покачал головой.

— Неужели нет на свете женщины, которой вы хотели бы оставить что-нибудь на память?..

— Хотите ли, доктор, — отвечал я ему, — чтоб я раскрыл вам мою душу?.. Видите ли, я выжил из тех лет, когда умирают, произнося имя своей любезной и завещая другу клочок напомаженных или ненапомаженных волос. Думая о близкой и возможной смерти, я думаю об одном себе: иные не делают и этого. Друзья, которые завтра меня забудут или, хуже, возведут на мой счет бог знает какие небылицы; женщины, которые, обнимая другого, будут смеяться надо мною, чтоб не возбудить в нем ревности к усопшему, — бог с ними! Из жизненной бури я вынес только несколько идей — и ни одного чувства. Я давно уж живу не сердцем, а головою. Я взвешиваю, разбираю свои собственные страсти и поступки с строгим любопытством, но без участия. Во мне два человека: один живет в полном смысле этого слова, другой мыслит и судит его; первый, быть может, через час простится с вами и миром навеки, а второй... второй? Посмотрите, доктор: видите ли вы, на скале направо чернеются три фигуры? Это, кажется, наши противники?..

Мы пустились рысью.

У подошвы скалы в кустах были привязаны три лошади; мы своих привязали тут же, а сами по узкой тропинке взобрались на площадку, где ожидал нас Грушницкий с

124

драгунским капитаном и другим своим секундантом, которого звали Иваном Игнатьевичем; фамилии его я никогда не слыхал.

— Мы давно уж вас ожидаем, — сказал драгунский капитан с иронической улыбкой.

Я вынул часы и показал ему.

Он извинился, говоря, что его часы уходят.

Несколько минут продолжалось затруднительное молчание; наконец доктор прервал его, обратясь к Грушницкому.

— Мне кажется, — сказал он, — что, показав оба готовность драться и заплатив этим долг условиям чести, вы бы могли, господа, объясниться и кончить это дело полюбовно.

— Я готов, — сказал я.

Капитан мигнул Грушницкому, и этот, думая, что я трушу, принял гордый вид, хотя до сей минуты тусклая бледность покрывала его щеки. С тех пор как мы приехали, он в первый раз поднял на меня глаза; но во взгляде его было какое-то беспокойство, изобличавшее внутреннюю борьбу.

— Объясните ваши условия, — сказал он, — и все, что я могу для вас сделать, то будьте уверены...

— Вот мои условия: вы нынче же публично откажетесь от своей клеветы и будете просить у меня извинения...

— Милостивый государь, я удивляюсь, как вы смеете мне предлагать такие вещи?..

— Что ж я вам мог предложить, кроме этого?..

— Мы будем стреляться...

Я пожал плечами.

— Пожалуй; только подумайте, что один из нас непременно будет убит.

— Я желаю, чтобы это были вы...

— А я так уверен в противном...

Он смутился, покраснел, потом принужденно захохотал.

Капитан взял его под руку и отвел в сторону; они долго шептались. Я приехал в довольно миролюбивом расположении духа, но все это начинало меня бесить.

Ко мне подошел доктор.

— Послушайте, — сказал он с явным беспокойством, — вы,

верно, забыли про их заговор?.. Я не умею зарядить пистолета, но в этом случае... Вы странный человек! Скажите им, что вы знаете их намерение, и они не посмеют... Что за охота! подстрелят вас как птицу...

— Пожалуйста, не беспокойтесь, доктор, и погодите... Я все так устрою, что на их стороне не будет никакой выгоды. Дайте им пошептаться...

— Господа, это становится скучно! — сказал я им громко, — драться так драться; вы имели время вчера наговориться...

— Мы готовы, — отвечал капитан. — Становитесь, господа!.. Доктор, извольте отмерить шесть шагов...

— Становитесь! — повторил Иван Игнатьич пискливым голосом.

— Позвольте! — сказал я, — еще одно условие; так как мы будем драться насмерть, то мы обязаны сделать все возможное, чтоб это осталось тайною и чтоб секунданты наши не были в ответственности. Согласны ли вы?..

— Совершенно согласны.

— Итак, вот что я придумал. Видите ли на вершине этой отвесной скалы, направо, узенькую площадку? оттуда до низу будет сажен тридцать, если не больше; внизу острые камни. Каждый из нас станет на самом краю площадки; таким образом, даже легкая рана будет смертельна: это должно быть согласно с вашим желанием, потому что вы сами назначили шесть шагов. Тот, кто будет ранен, полетит непременно вниз и разобьется вдребезги; пулю доктор вынет. И тогда можно будет очень легко объяснить эту скоропостижную смерть неудачным прыжком. Мы бросим жребий, кому первому стрелять. Объявляю вам в заключение, что иначе я не буду драться.

— Пожалуй! — сказал драгунский капитан, посмотрев выразительно на Грушницкого, который кивнул головой в знак согласия. Лицо его ежеминутно менялось. Я его поставил в затруднительное положение. Стреляясь при обыкновенных условиях, он мог целить мне в ногу, легко меня ранить и удовлетворить таким образом свою месть, не отягощая слишком своей совести; но теперь он должен был выстрелить на воздух, или сделаться убийцей, или, наконец, оставить свой подлый замысел и подвергнуться одинаковой со мною опасности. В эту минуту я не желал бы быть на его месте. Он отвел капитана в сторону и стал говорить ему что-то с большим жаром; я видел, как посиневшие губы его дрожали; но капитан от него отвернулся с презрительной улыбкой. «Ты дурак! — сказал он Грушницкому довольно громко, — ничего не понимаешь! Отправимтесь же, господа!»

Узкая тропинка вела между кустами на крутизну; обломки скал составляли шаткие ступени этой природной лестницы; цепляясь за кусты, мы стали карабкаться. Грушницкий шел впереди, за ним его секунданты, а потом мы с доктором.

— Я вам удивляюсь, — сказал доктор, пожав мне крепко руку. — Дайте пощупать пульс!.. О-го! лихорадочный!.. но на лице ничего не заметно... только глаза у вас блестят ярче обыкновенного.

Вдруг мелкие камни с шумом покатились нам под ноги. Что это? Грушницкий споткнулся, ветка, за которую он уцепился, изломилась, и он скатился бы вниз на спине, если б его секунданты не поддержали.

— Берегитесь! — закричал я ему, — не падайте заранее; это дурная примета. Вспомните Юлия Цезаря!

Вот мы взобрались на вершину выдавшейся скалы: площадка была покрыта мелким песком, будто нарочно для поединка. Кругом, теряясь в золотом тумане утра, теснились вершины гор, как бесчисленное стадо, и Эльборус на юге вставал белою громадой, замыкая цепь льдистых вершин, между которых уж бродили волокнистые облака, набежавшие с востока. Я подошел к краю площадки и посмотрел вниз, голова чуть-чуть у меня не закружилась, там внизу казалось темно и холодно, как в гробе; мшистые зубцы скал, сброшенных грозою и временем, ожидали своей добычи.

Площадка, на которой мы должны были драться, изображала почти правильный треугольник. От выдавшегося угла отмерили шесть шагов и решили, что тот, кому придется первому встретить неприятельский огонь, станет на самом углу, спиною к пропасти; если он не будет убит, то противники поменяются местами.

Я решился предоставить все выгоды Грушницкому; я хотел испытать его; в душе его могла проснуться искра великодушия, и тогда все устроилось бы к лучшему; но самолюбие и слабость характера должны были торжествовать... Я хотел дать себе полное право не щадить его, если бы судьба меня помиловала. Кто не заключал таких условий с своею совестью?

— Бросьте жребий, доктор! — сказал капитан.

Доктор вынул из кармана серебряную монету и поднял ее кверху.

— Решетка! — закричал Грушницкий поспешно, как человек, которого вдруг разбудил дружеский толчок.

— Орел! — сказал я.

Монета взвилась и упала звеня; все бросились к ней.

— Вы счастливы, — сказал я Грушницкому, — вам стрелять первому! Но помните, что если вы меня не убьете, то я не промахнусь — даю вам честное слово.

Он покраснел; ему было стыдно убить человека безоружного; я глядел на него пристально; с минуту мне казалось, что он бросится к ногам моим, умоляя о прощении; но как признаться в таком подлом умысле?.. Ему оставалось одно средство — выстрелить на воздух; я был уверен, что он выстрелит на воздух! Одно могло этому помешать: мысль, что я потребую вторичного поединка.

— Пора! — шепнул мне доктор, дергая за рукав, — если вы теперь не скажете, что мы знаем их намерения, то все пропало. Посмотрите, он уж заряжает... если вы ничего не скажете, то я сам...

— Ни за что на свете, доктор! — отвечал я, удерживая его за руку, — вы все испортите; вы мне дали слово не мешать... Какое вам дело? Может быть, я хочу быть убит...

Он посмотрел на меня с удивлением.

— О, это другое!.. только на меня на том свете не жалуйтесь...

Капитан между тем зарядил свои пистолеты, подал один Грушницкому, с улыбкою шепнув ему что-то; другой мне.

Я стал на углу площадки, крепко упершись левой ногою в

камень и наклонясь немного наперед, чтобы в случае легкой раны не опрокинуться назад.

Грушницкий стал против меня и по данному знаку начал поднимать пистолет. Колени его дрожали. Он целил мне прямо в лоб...

Неизъяснимое бешенство закипело в груди моей.

Вдруг он опустил дуло пистолета и, побледнев как полотно, повернулся к своему секунданту.

— Не могу, — сказал он глухим голосом.

— Трус! — отвечал капитан.

Выстрел раздался. Пуля оцарапала мне колено. Я невольно сделал несколько шагов вперед, чтоб поскорей удалиться от края.

— Ну, брат Грушницкий, жаль, что промахнулся! — сказал капитан, — теперь твоя очередь, становись! Обними меня прежде: мы уж не увидимся! — Они обнялись; капитан едва мог удержаться от смеха. — Не бойся, — прибавил он, хитро взглянув на Грушницкого, — все вздор на свете!.. Натура — дура, судьба — индейка, а жизнь — копейка!

После этой трагической фразы, сказанной с приличною важностью, он отошел на свое место; Иван Игнатьич со слезами обнял также Грушницкого, и вот он остался один против меня. Я до сих пор стараюсь объяснить себе, какого роду чувство кипело тогда в груди моей: то было и досада оскорбленного самолюбия, и презрение, и злоба, рождавшаяся при мысли, что этот человек, теперь с такою уверенностью, с такой спокойной дерзостью на меня глядящий, две минуты тому назад, не подвергая себя никакой опасности, хотел меня убить как собаку, ибо раненный в ногу немного сильнее, я бы непременно свалился с утеса.

Я несколько минут смотрел ему пристально в лицо, стараясь заметить хоть легкий след раскаяния. Но мне показалось, что он удерживал улыбку.

— Я вам советую перед смертью помолиться богу, — сказал я ему тогда.

— Не заботьтесь о моей душе больше чем о своей собственной. Об одном вас прошу: стреляйте скорее.

— И вы не отказываетесь от своей клеветы? не просите у меня прощения?.. Подумайте хорошенько: не говорит ли вам чего-нибудь совесть?

— Господин Печорин! — закричал драгунский капитан, — вы здесь не для того, чтоб исповедовать, позвольте вам заметить... Кончимте скорее; неравно кто-нибудь проедет по ущелью — и нас увидят.

— Хорошо, доктор, подойдите ко мне.

Доктор подошел. Бедный доктор! он был бледнее, чем Грушницкий десять минут тому назад.

Следующие слова я произнес нарочно с расстановкой, громко и внятно, как произносят смертный приговор:

— Доктор, эти господа, вероятно, второпях, забыли положить пулю в мой пистолет: прошу вас зарядить его снова, — и хорошенько!

— Не может быть! — кричал капитан, — не может быть! я зарядил оба пистолета; разве что из вашего пуля выкатилась... это не моя вина! — А вы не имеете права перезаряжать... никакого права... это совершенно против правил; я не позволю...

— Хорошо! — сказал я капитану, — если так, то мы будем с вами стреляться на тех же условиях... Он замялся.

Грушницкий стоял, опустив голову на грудь, смущенный и мрачный.

— Оставь их! — сказал он наконец капитану, который хотел вырвать пистолет мой из рук доктора... — Ведь ты сам знаешь, что они правы.

Напрасно капитан делал ему разные знаки, — Грушницкий не хотел и смотреть.

Между тем доктор зарядил пистолет и подал мне. Увидев это, капитан плюнул и топнул ногой.

— Дурак же ты, братец, — сказал он, — пошлый дурак!.. Уж положился на меня, так слушайся во всем... Поделом же тебе! околевай себе, как муха... — Он отвернулся и, отходя, пробормотал: — А все-таки это совершенно против правил.

— Грушницкий! — сказал я, — еще есть время; откажись от своей клеветы, и я тебе прощу все. Тебе не удалось меня подурачить, и мое самолюбие удовлетворено; — вспомни — мы были когда-то друзьями...

Лицо у него вспыхнуло, глаза засверкали.

— Стреляйте! — отвечал он, — я себя презираю, а вас ненавижу. Если вы меня не убьете, я вас зарежу ночью из-за угла. Нам на земле вдвоем нет места...

Я выстрелил...

Когда дым рассеялся, Грушницкого на площадке не было. Только прах легким столбом еще вился на краю обрыва.

Все в один голос вскрикнули.

— Finita la comedia![22] — сказал я доктору.

Он не отвечал и с ужасом отвернулся.

Я пожал плечами и раскланялся с секундантами Грушницкого.

Спускаясь по тропинке вниз, я заметил между расселинами скал окровавленный труп Грушницкого. Я невольно закрыл глаза... Отвязав лошадь, я шагом пустился домой. У меня на сердце был камень. Солнце казалось мне тускло, лучи его меня не грели.

Не доезжая слободки, я повернул направо по ущелью. Вид человека был бы мне тягостен: я хотел быть один. Бросив поводья и опустив голову на грудь, я ехал долго, наконец очутился в месте, мне вовсе не знакомом; я повернул коня назад и стал отыскивать дорогу; уж солнце садилось, когда я подъехал к Кисловодску, измученный, на измученной лошади.

Лакей мой сказал мне, что заходил Вернер, и подал мне две записки: одну от него, другую... от Веры.

Я распечатал первую, она была следующего содержания:

«Все устроено как можно лучше: тело привезено обезображенное, пуля из груди вынута. Все уверены, что причиною его смерти несчастный случай; только комендант, которому, вероятно, известна ваша ссора, покачал головой, но ничего не сказал. Доказательств против вас нет никаких, и вы можете спать спокойно... если можете... Прощайте...»

---

[22] Комедия окончена! (итал.)

Я долго не решался открыть вторую записку... Что могла она мне писать?.. Тяжелое предчувствие волновало мою душу.

Вот оно, это письмо, которого каждое слово неизгладимо врезалось в моей памяти:

«Я пишу к тебе в полной уверенности, что мы никогда больше не увидимся. Несколько лет тому назад, расставаясь с тобою, я думала то же самое; но небу было угодно испытать меня вторично; я не вынесла этого испытания, мое слабое сердце покорилось снова знакомому голосу... ты не будешь презирать меня за это, не правда ли? Это письмо будет вместе прощаньем и исповедью: я обязана сказать тебе все, что накопилось на моем сердце с тех пор, как оно тебя любит. Я не стану обвинять тебя — ты поступил со мною, как поступил бы всякий другой мужчина: ты любил меня как собственность, как источник радостей, тревог и печалей, сменявшихся взаимно, без которых жизнь скучна и однообразна. Я это поняла сначала... Но ты был несчастлив, и я пожертвовала собою, надеясь, что когда-нибудь ты оценишь мою жертву, что когда-нибудь ты поймешь мою глубокую нежность, не зависящую ни от каких условий. Прошло с тех пор много времени: я проникла во все тайны души твоей... и убедилась, что то была надежда напрасная. Горько мне было! Но моя любовь срослась с душой моей: она потемнела, но не угасла.

Мы расстаемся навеки; однако ты можешь быть уверен, что я никогда не буду любить другого: моя душа истощила на тебя все свои сокровища, свои слезы и надежды. Любившая раз тебя не может смотреть без некоторого презрения на прочих мужчин, не потому, чтоб ты был лучше их, о нет! но в твоей природе есть что-то особенное, тебе одному свойственное, что-то гордое и таинственное; в твоем голосе, что бы ты ни говорил, есть власть непобедимая; никто не умеет так постоянно хотеть быть любимым; ни в ком зло не бывает так привлекательно, ничей взор не обещает столько блаженства, никто не умеет лучше пользоваться своими преимуществами и никто не может быть так истинно несчастлив, как ты, потому что никто столько не старается уверить себя в противном.

Теперь я должна тебе объяснить причину моего

поспешного отъезда; она тебе покажется маловажна, потому что касается до одной меня.

Нынче поутру мой муж вошел ко мне и рассказал про твою ссору с Грушницким. Видно, я очень переменилась в лице, потому что он долго и пристально смотрел мне в глаза; я едва не упала без памяти при мысли, что ты нынче должен драться и что я этому причиной; мне казалось, что я сойду с ума... но теперь, когда я могу рассуждать, я уверена, что ты останешься жив: невозможно, чтоб ты умер без меня, невозможно! Мой муж долго ходил по комнате; я не знаю, что он мне говорил, не помню, что я ему отвечала... верно, я ему сказала, что я тебя люблю... Помню только, что под конец нашего разговора он оскорбил меня ужасным словом и вышел. Я слышала, как он велел закладывать карету... Вот уж три часа, как я сижу у окна и жду твоего возврата... Но ты жив, ты не можешь умереть!.. Карета почти готова... Прощай, прощай... Я погибла, — но что за нужда?.. Если б я могла быть уверена, что ты всегда меня будешь помнить, — не говорю уж любить, — нет, только помнить... Прощай; идут... я должна спрятать письмо...

Не правда ли, ты не любишь Мери? ты не женишься на ней? Послушай, ты должен мне принести эту жертву: я для тебя потеряла все на свете...»

Я как безумный выскочил на крыльцо, прыгнул на своего Черкеса, которого водили по двору, и пустился во весь дух по дороге в Пятигорск. Я беспощадно погонял измученного коня, который, хрипя и весь в пене, мчал меня по каменистой дороге.

Солнце уже спряталось в черной туче, отдыхавшей на гребне западных гор; в ущелье стало темно и сыро. Подкумок, пробираясь по камням, ревел глухо и однообразно. Я скакал, задыхаясь от нетерпенья. Мысль не застать уже ее в Пятигорске молотком ударяла мне в сердце! — одну минуту, еще одну минуту видеть ее, проститься, пожать ей руку... Я молился, проклинал плакал, смеялся... нет, ничто не выразит моего беспокойства, отчаяния!.. При возможности потерять ее навеки Вера стала для меня дороже всего на свете — дороже жизни, чести, счастья! Бог знает, какие странные, какие бешеные замыслы роились в голове моей... И между тем я все скакал, погоняя беспощадно. И вот я стал замечать, что конь мой тяжелее дышит; он раза два уж споткнулся на ровном месте... Оставалось пять верст до Ессентуков — казачьей станицы, где я мог пересесть на другую лошадь.

Все было бы спасено, если б у моего коня достало сил еще на десять минут! Но вдруг поднимаясь из небольшого оврага, при выезде из гор, на крутом повороте, он грянулся о землю. Я проворно соскочил, хочу поднять его, дергаю за повод — напрасно: едва слышный стон вырвался сквозь стиснутые его зубы; через несколько минут он издох; я остался в степи один, потеряв последнюю надежду; попробовал идти пешком — ноги мои подкосились; изнуренный тревогами дня и бессонницей, я упал на мокрую траву и как ребенок заплакал.

И долго я лежал неподвижно и плакал горько, не стараясь удерживать слез и рыданий; я думал, грудь моя разорвется; вся моя твердость, все мое хладнокровие — исчезли как дым. Душа обессилела, рассудок замолк, и если б в эту минуту кто-нибудь меня увидел, он бы с презрением отвернулся.

Когда ночная роса и горный ветер освежили мою горячую голову и мысли пришли в обычный порядок, то я понял, что гнаться за погибшим счастьем бесполезно и безрассудно. Чего мне еще надобно? — ее видеть? — зачем? не все ли кончено между нами? Один горький прощальный поцелуй не обогатит моих воспоминаний, а после него нам только труднее будет расставаться.

Мне, однако, приятно, что я могу плакать! Впрочем, может быть, этому причиной расстроенные нервы, ночь, проведенная без сна, две минуты против дула пистолета и пустой желудок.

Все к лучшему! это новое страдание, говоря военным слогом, сделало во мне счастливую диверсию. Плакать здорово; и потом, вероятно, если б я не проехался верхом и не был принужден на обратном пути пройти пятнадцать верст, то и эту ночь сон не сомкнул бы глаз моих.

Я возвратился в Кисловодск в пять часов утра, бросился на постель и заснул сном Наполеона после Ватерлоо.

Когда я проснулся, на дворе уж было темно. Я сел у отворенного окна, расстегнул архалук — и горный ветер освежил грудь мою, еще не успокоенную тяжелым сном усталости. Вдали за рекою, сквозь верхи густых лип, ее осеняющих, мелькали огне в строеньях крепости и слободки. На дворе у нас все было тихо, в доме княгини было темно.

Взошел доктор: лоб у него был нахмурен; и он, против обыкновения, не протянул мне руки.

— Откуда вы, доктор?

— От княгини Лиговской; дочь ее больна — расслабление нервов... Да не в этом дело, а вот что: начальство догадывается, и хотя ничего нельзя доказать положительно, однако я вам советую быть осторожнее. Княгиня мне говорила нынче, что она знает, что вы стрелялись за ее дочь. Ей все этот старичок рассказал... как бишь его? Он был свидетелем вашей стычки с Грушницким в ресторации. Я пришел вас предупредить. Прощайте. Может быть, мы больше не увидимся, вас ушлют куда-нибудь.

Он на пороге остановился: ему хотелось пожать мне руку... и если б я показал ему малейшее на это желание, то он бросился бы мне на шею; но я остался холоден, как камень — и он вышел.

Вот люди! все они таковы: знают заранее все дурные стороны поступка, помогают, советуют, даже одобряют его, видя невозможность другого средства, — а потом умывают руки и отворачиваются с негодованием от того, кто имел смелость взять на себя всю тягость ответственности. Все они таковы, даже самые добрые, самые умные!..

На другой день утром, получив приказание от высшего начальства отправиться в крепость Н., я зашел к княгине проститься.

Она была удивлена, когда на вопрос ее: имею ли я ей сказать что-нибудь особенно важное? — я отвечал, что желаю ей быть счастливой и прочее.

— А мне нужно с вами поговорить очень серьезно.

Я сел молча.

Явно было, что она не знала, с чего начать; лицо ее побагровело, пухлые ее пальцы стучали по столу; наконец она начала так, прерывистым голосом:

— Послушайте, мсье Печорин! я думаю, что вы благородный человек.

Я поклонился.

— Я даже в этом уверена, — продолжала она, — хотя ваше поведение несколько сомнительно; но у вас могут быть причины, которых я не знаю, и их-то вы должны теперь мне поверить. Вы защитили дочь мою от клеветы, стрелялись за нее, — следственно, рисковали жизнью... Не отвечайте, я знаю, что вы в этом не признаетесь, потому что Грушницкий убит (она перекрестилась). Бог ему простит — и, надеюсь, вам также!.. Это до меня не касается, я не смею осуждать вас, потому что дочь моя хотя невинно, но была этому причиною. Она мне все сказала... я думаю, все: вы изъяснились ей в любви... она вам призналась в своей (тут княгиня тяжело вздохнула). Но она больна, и я уверена, что это не простая болезнь! Печаль тайная ее убивает; она не признается, но я уверена, что вы этому причиной... Послушайте: вы, может быть, думаете, что я ищу чинов, огромного богатства, — разуверьтесь! я хочу только счастья дочери. Ваше теперешнее положение незавидно, но оно может поправиться: вы имеете состояние; вас любит дочь моя, она воспитана так, что составит счастие мужа, — я богата, она у меня одна... Говорите, что вас удерживает?.. Видите, я не должна бы была вам всего этого говорить, но я полагаюсь на ваше сердце, на вашу честь; вспомните, у меня одна дочь... одна...

Она заплакала.

— Княгиня, — сказал я, — мне невозможно отвечать вам; позвольте мне поговорить с вашей дочерью наедине...

— Никогда! — воскликнула она, встав со стула в сильном волнении.

— Как хотите, — отвечал я, приготовляясь уйти.

Она задумалась, сделала мне знак рукою, чтоб я подождал, и вышла.

Прошло минут пять; сердце мое сильно билось, но мысли были спокойны, голова холодна; как я ни искал в груди моей хоть искры любви к милой Мери, но старания мои были напрасны.

Вот двери отворились, и вошла она, Боже! как переменилась с тех пор, как я не видал ее, — а давно ли?

Дойдя до середины комнаты, она пошатнулась; я вскочил, подал ей руку и довел ее до кресел.

Я стоял против нее. Мы долго молчали; ее большие глаза, исполненные неизъяснимой грусти, казалось, искали в моих что-нибудь похожее на надежду; ее бледные губы напрасно старались улыбнуться; ее нежные руки, сложенные на коленах, были так худы и прозрачны, что мне стало жаль ее.

— Княжна, — сказал я, — вы знаете, что я над вами смеялся?.. Вы должны презирать меня.

На ее щеках показался болезненный румянец.

Я продолжал: — Следственно, вы меня любить не можете...

Она отвернулась, облокотилась на стол, закрыла глаза рукою, и мне показалось, что в них блеснули слезы.

— Боже мой! — произнесла она едва внятно.

Это становилось невыносимо: еще минута, и я бы упал к ногам ее.

— Итак, вы сами видите, — сказал я сколько мог твердым голосом и с принужденной усмешкой, — вы сами видите, что я не могу на вас жениться, если б вы даже этого теперь хотели, то скоро бы раскаялись. Мой разговор с вашей матушкой принудил меня объясниться с вами так откровенно и так грубо; я надеюсь, что она в заблуждении: вам легко ее разуверить. Вы видите, я играю в ваших глазах самую жалкую и гадкую роль, и даже в этом признаюсь; вот все, что я могу для вас сделать. Какое бы вы дурное мнение обо мне ни имели, я ему покоряюсь... Видите ли, я перед вами низок. Не правда ли, если даже вы меня и любили, то с этой минуты презираете?

Она обернулась ко мне бледная, как мрамор, только глаза ее чудесно сверкали.

— Я вас ненавижу... — сказала она.

Я поблагодарил, поклонился почтительно и вышел.

Через час курьерская тройка мчала меня из Кисловодска. За несколько верст до Ессентуков я узнал близ дороги труп моего лихого коня; седло было снято — вероятно, проезжим казаком, — и вместо седла на спине его сидели два ворона. Я вздохнул и отвернулся...

И теперь, здесь, в этой скучной крепости, я часто, пробегая мыслию прошедшее, спрашиваю себя: отчего я не хотел ступить на этот путь, открытый мне судьбою, где меня ожидали тихие радости и спокойствие душевное?.. Нет, я бы не ужился с этой долею! Я, как матрос, рожденный и выросший на палубе разбойничьего брига: его душа сжилась с бурями и битвами, и, выброшенный на берег, он скучает и томится, как ни мани его тенистая роща, как ни свети ему мирное солнце; он ходит себе целый день по прибрежному песку, прислушивается к однообразному ропоту набегающих волн и всматривается в туманную даль: не мелькнет ли там на бледной черте, отделяющей синюю пучину от серых тучек, желанный парус, сначала подобный крылу морской чайки, но мало-помалу отделяющийся от пены валунов и ровным бегом приближающийся к пустынной пристани...

III

ФАТАЛИСТ

«Герой нашего времени» М. Ю. Лермонтова. Фаталист.

Мне как-то раз случилось прожить две недели в казачьей станице на левом фланге; тут же стоял батальон пехоты; офицеры собирались друг у друга поочередно, по вечерам играли в карты.

Однажды, наскучив бостоном и бросив карты под стол, мы засиделись у майора С*** очень долго; разговор, против обыкновения, был занимателен. Рассуждали о том, что мусульманское поверье, будто судьба человека написана на небесах, находит и между нами, христианами, многих поклонников; каждый рассказывал разные необыкновенные случаи pro[23] или contra.[24]

— Все это, господа, ничего не доказывает, — сказал старый майор, — ведь никто из вас не был свидетелем тех странных случаев, которыми подтверждаете свои мнения?

— Конечно, никто, — сказали многие, — но мы слышали от верных людей...

— Все это вздор! — сказал кто-то, — где эти верные люди, видевшие список, на котором назначен час нашей смерти?.. И если точно есть предопределение, то зачем нам дана воля, рассудок? почему мы должны давать отчет в наших поступках?

В это время один офицер, сидевший в углу комнаты, встал, и медленно подойдя к столу, окинул всех спокойным взглядом. Он был родом серб, как видно было из его имени.

Наружность поручика Вулича отвечала вполне его характеру. Высокий рост и смуглый цвет лица, черные волосы, черные проницательные глаза, большой, но правильный нос, принадлежность его нации, печальная и холодная улыбка, вечно блуждавшая на губах его, — все это будто согласовалось

---

[23] серо-жемчужного цвета (франц.).

[24] красновато-бурого цвета (франц.).

для того, чтоб придать ему вид существа особенного, не способного делиться мыслями и страстями с теми, которых судьба дала ему в товарищи.

Он был храбр, говорил мало, но резко; никому не поверял своих душевных и семейных тайн; вина почти вовсе не пил, за молодыми казачками, — которых прелесть трудно достигнуть, не видав их, он никогда не волочился. Говорили, однако, что жена полковника была неравнодушна к его выразительным глазам; но он не шутя сердился, когда об этом намекали.

Была только одна страсть, которой он не таил: страсть к игре. За зеленым столом он забывал все, и обыкновенно проигрывал; но постоянные неудачи только раздражали его упрямство. Рассказывали, что раз, во время экспедиции, ночью, он на подушке метал банк, ему ужасно везло. Вдруг раздались выстрелы, ударили тревогу, все вскочили и бросились к оружию. «Поставь ва-банк!» — кричал Вулич, не подымаясь, одному из самых горячих понтеров. «Идет семерка», — отвечал тот, убегая. Несмотря на всеобщую суматоху, Вулич докинул талью, карта была дана.

Когда он явился в цепь, там была уж сильная перестрелка. Вулич не заботился ни о пулях, ни о шашках чеченских: он отыскивал своего счастливого понтера.

— Семерка дана! — закричал он, увидав его наконец в цепи застрельщиков, которые начинали вытеснять из лесу неприятеля, и, подойдя ближе, он вынул свой кошелек и бумажник и отдал их счастливцу, несмотря на возражения о неуместности платежа. Исполнив этот неприятный долг, он бросился вперед, увлек за собою солдат и до самого конца дела прехладнокровно перестреливался с чеченцами.

Когда поручик Вулич подошел к столу, то все замолчали, ожидая от него какой-нибудь оригинальной выходки.

— Господа! — сказал он (голос его был спокоен, хотя тоном ниже обыкновенного), — господа! к чему пустые споры? Вы хотите доказательств: я вам предлагаю испробовать на себе, может ли человек своевольно располагать своею жизнью, или каждому из нас заранее назначена роковая минута... Кому угодно?

— Не мне, не мне! — раздалось со всех сторон, — вот чудак! придет же в голову!..

— Предлагаю пари! — сказал я шутя.

— Какое?

— Утверждаю, что нет предопределения, — сказал я, высыпая на стол десятка два червонцев — все, что было у меня в кармане.

— Держу, — отвечал Вулич глухим голосом. Майор, вы будете судьею; вот пятнадцать червонцев, остальные пять вы мне должны, и сделайте мне дружбу прибавить их к этим.

— Хорошо, — сказал майор, — только не понимаю, право, в чем дело и как вы решите спор?..

Вулич вышел молча в спальню майора; мы за ним последовали. Он подошел к стене, на которой висело оружие, и наудачу снял с гвоздя один из разнокалиберных пистолетов; мы еще его не понимали; но когда он взвел курок и насыпал на полку пороху, то многие, невольно вскрикнув, схватили его за руки.

— Что ты хочешь делать? Послушай, это сумасшествие! — закричали ему.

— Господа! — сказал он медленно, освобождая свои руки, — кому угодно заплатить за меня двадцать червонцев?

Все замолчали и отошли.

Вулич вышел в другую комнату и сел у стола; все последовали за ним: он знаком пригласил нас сесть кругом. Молча повиновались ему: в эту минуту он приобрел над нами какую-то таинственную власть. Я пристально посмотрел ему в глаза; но он спокойным и неподвижным взором встретил мой испытующий взгляд, и бледные губы его улыбнулись; но, несмотря на его хладнокровие, мне казалось, я читал печать смерти на бледном лице его. Я замечал, и многие старые воины подтверждали мое замечание, что часто на лице человека, который должен умереть через несколько часов, есть какой-то странный отпечаток неизбежной судьбы, так что привычным глазам трудно ошибиться.

— Вы нынче умрете! — сказал я ему.

Он быстро ко мне обернулся, но отвечал медленно и спокойно:

— Может быть, да, может быть, нет...

Потом, обратясь к майору, спросил: заряжен ли пистолет? Майор в замешательстве не помнил хорошенько.

— Да полно, Вулич! — закричал кто-то, — уж, верно, заряжен, коли в головах висел, что за охота шутить!..

— Глупая шутка! — подхватил другой.

— Держу пятьдесят рублей против пяти, что пистолет не заряжен! — закричал третий.

Составились новые пари.

Мне надоела эта длинная церемония.

— Послушайте, — сказал я, — или застрелитесь, или повесьте пистолет на прежнее место, и пойдемте спать.

— Разумеется, — воскликнули многие, — пойдемте спать.

— Господа, я вас прошу не трогаться с места! — сказал Вулич, приставя дуло пистолета ко лбу. Все будто окаменели.

— Господин Печорин, прибавил он, — возьмите карту и бросьте вверх.

Я взял со стола, как теперь помню, червонного туза и бросил кверху: дыхание у всех остановилось; все глаза, выражая страх и какое-то неопределенное любопытство, бегали от пистолета к роковому тузу, который, трепеща на воздухе, опускался медленно; в ту минуту, как он коснулся стола, Вулич спустил курок... осечка!

— Слава Богу! — вскрикнули многие, — не заряжен...

— Посмотрим, однако ж, — сказал Вулич. Он взвел опять курок, прицелился в фуражку, висевшую над окном; выстрел раздался — дым наполнил комнату. Когда он рассеялся, сняли фуражку: она была пробита в самой середине и пуля глубоко засела в стене.

Минуты три никто не мог слова вымолвить. Вулич пересыпал в свой кошелек мои червонцы.

Пошли толки о том, отчего пистолет в первый раз не выстрелил; иные утверждали, что, вероятно, полка была засорена, другие говорили шепотом, что прежде порох был сырой и что после Вулич присыпал свежего; но я утверждал, что последнее предположение несправедливо, потому что я во все время не спускал глаз с пистолета.

— Вы счастливы в игре, — сказал я Вуличу...

— В первый раз от роду, — отвечал он, самодовольно улыбаясь, — это лучше банка и штосса.

— Зато немножко опаснее.

— А что? вы начали верить предопределению?

— Верю; только не понимаю теперь, отчего мне казалось, будто вы непременно должны нынче умереть...

Этот же человек, который так недавно метил себе преспокойно в лоб, теперь вдруг вспыхнул и смутился.

— Однако же довольно! — сказал он, вставая, — пари наше кончилось, и теперь ваши замечания, мне кажется, неуместны... — Он взял шапку и ушел. Это мне показалось странным — и недаром!..

Скоро все разошлись по домам, различно толкуя о причудах Вулича и, вероятно, в один голос называя меня эгоистом, потому что я держал пари против человека, который хотел застрелиться; как будто он без меня не мог найти удобного случая!..

Я возвращался домой пустыми переулками станицы; месяц, полный и красный, как зарево пожара, начинал показываться из-за зубчатого горизонта домов; звезды спокойно сияли на темно-голубом своде, и мне стало смешно, когда я вспомнил, что были некогда люди премудрые, думавшие, что светила небесные принимают участие в наших ничтожных спорах за клочок земли или за какие-нибудь вымышленные права!.. И что ж? эти лампады, зажженные, по их мнению, только для того, чтобы освещать их битвы и торжества, горят с прежним блеском, а их страсти и надежды давно угасли вместе с ними, как огонек, зажженный на краю леса беспечным странником! Но зато какую силу воли придавала им уверенность, что целое небо со своими бесчисленными жителями на них смотрит с участием, хотя немым, но неизменным!.. А мы, их жалкие потомки, скитающиеся по земле без убеждений и гордости, без наслаждения и страха, кроме той невольной боязни, сжимающей сердце при мысли о неизбежном конце, мы не способны более к великим жертвам ни для блага человечества, ни даже для собственного счастия, потому знаем его невозможность и равнодушно переходим от сомнения к сомнению, как наши предки бросались от одного заблуждения к другому, не имея, как они, ни надежды, ни даже того неопределенного, хотя и истинного наслаждения, которое встречает душа во всякой борьбе с людьми или судьбою...

И много других подобных дум проходило в уме моем; я их не удерживал, потому что не люблю останавливаться на какой-нибудь отвлеченной мысли. И к чему это ведет?.. В первой молодости моей я был мечтателем, я любил ласкать попеременно то мрачные, то радужные образы, которые рисовало мне беспокойное и жадное воображение. Но что от этого мне осталось? одна усталость, как после ночной битвы с привидением, и смутное воспоминание, исполненное сожалений. В этой напрасной борьбе я истощил и жар души, и постоянство воли, необходимое для действительной жизни; я вступил в эту жизнь, пережив ее уже мысленно, и мне стало скучно и гадко, как тому, кто читает дурное подражание давно ему известной книге.

Происшествие этого вечера произвело на меня довольно глубокое впечатление и раздражило мои нервы; не знаю наверное, верю ли я теперь предопределению или нет, но в этот вечер я ему твердо верил: доказательство было разительно, и я, несмотря на то, что посмеялся над нашими предками и их услужливой астрологией, попал невольно в их колею; но я остановил себя вовремя на этом опасном пути и, имея правило ничего не отвергать решительно и ничему не вверяться слепо, отбросил метафизику в сторону и стал смотреть под ноги. Такая предосторожность была очень кстати: я чуть-чуть не упал, наткнувшись на что-то толстое и мягкое, но, по-видимому, неживое. Наклоняюсь — месяц уж светил прямо на дорогу — и что же? предо мною лежала свинья, разрубленная пополам шашкой... Едва я успел ее осмотреть, как услышал шум шагов: два казака бежали из переулка, один подошел ко мне и спросил, не видал ли я пьяного казака, который гнался за свиньей. Я объявил им, что не встречал казака, и указал на несчастную жертву его неистовой храбрости.

— Экой разбойник! — сказал второй казак, — как напьется чихиря, так и пошел крошить все, что ни попало. Пойдем за ним, Еремеич, надо его связать, а то...

Они удалились, а я продолжал свой путь с большей осторожностью и наконец счастливо добрался до своей квартиры.

Я жил у одного старого урядника, которого любил за добрый его нрав, а особенно за хорошенькую дочку Настю.

Она, по обыкновению, дожидалась меня у калитки, завернувшись в шубку; луна освещала ее милые губки, посиневшие от ночного холода. Узнав меня, она улыбнулась, но мне было не до нее. «Прощай, Настя», — сказал я, проходя мимо. Она хотела что-то отвечать, но только вздохнула.

Я затворил за собою дверь моей комнаты, засветил свечку и бросился на постель; только сон на этот раз заставил себя ждать более обыкновенного. Уж восток начинал бледнеть, когда я заснул, но — видно, было написано на небесах, что в эту ночь я не высплюсь. В четыре часа утра два кулака застучали ко мне в окно. Я вскочил: что такое?.. «Вставай, одевайся!» — кричало мне несколько голосов. Я наскоро оделся и вышел. «Знаешь, что случилось?» — сказали мне в один голос три офицера, пришедшие за мною; они были бледны как смерть.

— Что?

— Вулич убит.

Я остолбенел.

— Да, убит — продолжали они, — пойдем скорее.

— Да куда же?

— Дорогой узнаешь.

Мы пошли. Они рассказали мне все, что случилось, с примесью разных замечаний насчет странного предопределения, которое спасло его от неминуемой смерти за полчаса до смерти. Вулич шел один по темной улице: на него наскочил пьяный казак, изрубивший свинью и, может быть, прошел бы мимо, не заметив его, если б Вулич, вдруг остановясь, не сказал: «Кого ты, братец, ищешь» — «Тебя!» —

отвечал казак, ударив его шашкой, и разрубил его от плеча почти до сердца... Два казака, встретившие меня и следившие за убийцей, подоспели, подняли раненого, но он был уже при последнем издыхании и сказал только два слова: «Он прав!» Я один понимал темное значение этих слов: они относились ко мне; я предсказал невольно бедному его судьбу; мой инстинкт не обманул меня: я точно прочел на его изменившемся лице печать близкой кончины.

Убийца заперся в пустой хате, на конце станицы. Мы шли туда. Множество женщин бежало с плачем в ту же сторону; по временам опоздавший казак выскакивал на улицу, второпях пристегивая кинжал, и бегом опережал нас. Суматоха была страшная.

Вот наконец мы пришли; смотрим: вокруг хаты, которой двери и ставни заперты изнутри, стоит толпа. Офицеры и казаки толкуют горячо между собою: женщины воют, приговаривая и причитывая. Среди их бросилось мне в глаза значительное лицо старухи, выражавшее безумное отчаяние. Она сидела на толстом бревне, облокотясь на свои колени и поддерживая голову руками: то была мать убийцы. Ее губы по временам шевелились: молитву они шептали или проклятие?

Между тем надо было на что-нибудь решиться и схватить преступника. Никто, однако, не отважился броситься первым. Я подошел к окну и посмотрел в щель ставня: бледный, он лежал на полу, держа в правой руке пистолет; окровавленная шашка лежала возле него. Выразительные глаза его страшно вращались кругом; порою он вздрагивал и хватал себя за голову, как будто неясно припоминая вчерашнее. Я не прочел большой решимости в этом беспокойном взгляде и сказал майору, что напрасно он не велит выломать дверь и броситься туда казакам, потому что лучше это сделать теперь, нежели после, когда он совсем опомнится.

В это время старый есаул подошел к двери и назвал его по имени; тот откликнулся.

— Согрешил, брат Ефимыч, — сказал есаул, — так уж нечего делать, покорись!

— Не покорюсь! — отвечал казак.

— Побойся Бога. Ведь ты не чеченец окаянный, а честный христианин; ну, уж коли грех твой тебя попутал, нечего делать: своей судьбы не минуешь!

— Не покорюсь! — закричал казак грозно, и слышно было, как щелкнул взведенный курок.

— Эй, тетка! — сказал есаул старухе, — поговори сыну, авось тебя послушает... Ведь это только бога гневить. Да посмотри, вот и господа уж два часа дожидаются.

Старуха посмотрела на него пристально и покачала головой.

— Василий Петрович, — сказал есаул, подойдя к майору, — он не сдастся — я его знаю. А если дверь разломать, то много наших перебьет. Не прикажете ли лучше его пристрелить? в ставне щель широкая.

В эту минуту у меня в голове промелькнула странная мысль: подобно Вуличу, я вздумал испытать судьбу.

— Погодите, — сказал я майору, я его возьму живого.

Велев есаулу завести с ним разговор и поставив у дверей трех казаков, готовых ее выбить, и броситься мне на помощь при данном знаке, я обошел хату и приблизился к роковому окну. Сердце мое сильно билось.

— Ах ты окаянный! — кричал есаул, — что ты, над нами смеешься, что ли? али думаешь, что мы с тобой не совладаем? — Он стал стучать в дверь изо всей силы, я, приложив глаз к щели, следил за движениями казака, не ожидавшего с этой стороны нападения, — и вдруг оторвал ставень и бросился в окно головой вниз. Выстрел раздался у меня над самым ухом, пуля сорвала эполет. Но дым, наполнивший комнату, помешал моему противнику найти шашку, лежавшую возле него. Я схватил его за руки; казаки ворвались, и не прошло трех минут, как преступник был уж связан и отведен под конвоем. Народ разошелся. Офицеры меня поздравляли — точно, было с чем!

После всего этого как бы, кажется, не сделаться фаталистом? Но кто знает наверное, убежден ли он в чем или нет?.. и как часто мы принимаем за убеждение обман чувств или промах рассудка!..

Я люблю сомневаться во всем: это расположение ума не

мешает решительности характера — напротив, что до меня касается, то я всегда смелее иду вперед, когда не знаю, что меня ожидает. Ведь хуже смерти ничего не случится — а смерти не минуешь!

Возвратясь в крепость, я рассказал Максиму Максимычу все, что случилось со мною и чему был я свидетель, и пожелал узнать его мнение насчет предопределения. Он сначала не понимал этого слова, но я объяснил его как мог, и тогда он сказал, значительно покачав головою:

— Да-с! конечно-с! Это штука довольно мудреная!.. Впрочем, эти азиатские курки часто осекаются, если дурно смазаны или не довольно крепко прижмешь пальцем; признаюсь, не люблю я также винтовок черкесских; они как-то нашему брату неприличны: приклад маленький, того и гляди, нос обожжет... Зато уж шашки у них — просто мое почтение!

Потом он примолвил, несколько подумав:

— Да, жаль беднягу... Черт же его дернул ночью с пьяным разговаривать!.. Впрочем, видно, уж так у него на роду было написано...

Больше я от него ничего не мог добиться: он вообще не любит метафизических прений.

Конец

148

www.ingramcontent.com/pod-product-compliance
Lightning Source LLC
Chambersburg PA
CBHW010809250626
47156CB00010B/3041